Symbole und Mantren für den Aufstieg

Die Wirkungskraft der Symbole und Mantren stellt keinen Ersatz für ärztliche oder psychologische Betreuung dar. Eine medizinische Diagnose und Behandlung von Krankheitssymptomen ist in jedem Fall ratsam. Die Anwendung der Mantren und Symbole dieses Buches sollten nicht anstelle schulmedizinischer Behandlungen eingesetzt werden. Auch sind sie nicht in der Lage, alle Bereiche der Schulmedizin abzudecken.

Wie vom Gesetzgeber vorgeschrieben, weisen wir ausdrücklich darauf hin, dass bei Anwendung dieser Symbole und Mantren ein Heilerfolg nicht garantiert werden kann. Auch ist ein wissenschaftlicher Nachweis mit den derzeit üblichen Messmethoden noch nicht erbracht worden. Wir weisen darauf hin, dass sich die in diesem Buch verwendeten Begriffe von „heilen" und „Heilung" ausschließlich auf das Herzchakra beziehen, denn von dort geht jede Heilung aus. Bei den in diesem Buch erwähnten Krankheiten wird durch die Symbole und Mantren ausschließlich das energetische Programm des Krankheitszustandes gelöscht.

Wir möchten den Leser mit diesem Buch in seinem Bewusstwerdungsprozess unterstützen. Es soll ihn informieren, lehren, unterhalten, inspirieren und ihn daran erinnern, dass wir alle Liebe sind und aus der Einheit kommen. Der Autor und der Verlag können für keinerlei Verluste oder Schäden, die irgend jemandem direkt oder indirekt durch die in diesem Buch enthaltenen Informationen entstehen können, verantwortlich oder schadensersatzpflichtig gemacht werden.

Marie-Curie-Str. 6
36039 Fulda
Tel.: +49 (0) 661 - 38 00 02 40
Fax.:+49 (0) 661 - 38 00 02 49
www.shop-kamasha.de
love@kamasha.de

Umschlaggestaltung: Uta Kessler unter Verwendung
des Erzengel Michael Bildes von Armando de Melo
© Armando de Melo/München,
www.melo-edition.com

Druck: Finidr, s.r.o.
ISBN: 978-3-936767-13-1

8. überarbeitete Auflage, Dezember 2020
7. unveränderte Auflage, Januar 2014
6. unveränderte Auflage, August 2010
5. unveränderte Auflage, April 2009
4. unveränderte Auflage, September 2006
3. überarbeitete Auflage, Oktober 2005
2. überarbeitete Auflage, Januar 2005
Originalausgabe, Oktober 2004

Für dieses Buch wurde ausschließlich Papier verwendet, das nicht aus dem Regenwald stammt

Symbole und Mantren für den Aufstieg

Ein Arbeitsbuch von Erzengel Michael,
gechannelt von Natara

Kamasha Verlag

„Die Klarheit des Herzens
ist grenzenlose Einheit"

Erzengel Michael

Meine geliebten Kinder des Lichts,

wie schön, dass ihr mehr über die Leichtigkeit des Aufstiegs in eine neue Dimension erfahren wollt und das Wissen des Herzens wieder lebt. Die Mantren und Symbole sind voller Kraft und Lichtenergie.

Wir geben dieses Wissen jetzt auf die Erde, damit ihr wirklich eure Grenzenlosigkeit erfahrt. Die Wertigkeit und Wichtigkeit dieser Symbole und Mantren sind nur noch mit Liebe zu erfahren.

Wenn ihr Menschen einen Zustand von Krankheit, Schmerz, Eifersucht, Ohnmacht, Mangel, Wut, Enttäuschung, Trauer oder Sucht erfahrt, ist es wichtig, die Ursache und die Entstehung zu lösen. Diese 18 Mantren und Symbole helfen euch dabei, das Erfahrene zu löschen und Heilung in diese Situation zu bringen.

Der erste Heilungsprozess findet immer im Herzchakra statt, denn von dort geht jede Heilung aus.

Dieses Wissen, das wir euch jetzt geben, ist ein altes Wissen, das irgendwann in eurer Zeitdimension unterdrückt wurde und dann in Vergessenheit geraten ist. Deswegen wirken diese Mantren und Symbole sehr stark.

Benutzt dieses Wissen in aller Achtsamkeit und Ehre vor euch selbst, dann könnt ihr andere damit beschenken. Spielt nicht mit dem Wissen, geht wirklich damit um, als wäre es euer Kind, mit dem ihr wachst und euch entwickelt.

Alles, was ihr an Wissen aus der geistigen Welt empfangt, ist ein Geschenk für euch.

Ihr werdet unermesslich geliebt.

Erzengel Michael

Vorwort zur 8. Auflage

Wundervolle Licht- und Bewusstseinsbegleiter,

dieses große Wissen, dass wir im Jahr 2002 von Erzengel Michael bekommen haben, ist heute noch so aktuell wie damals.

Alle Symbole und Mantren wirken klar und rein, überall dort wo ihr sie einsetzen wollt.

Es ist so ein großes Geschenk dieses lichtvolle bewusste Wissen mit euch zu teilen.

Erkennen wir durch diese Symbole und Mantren doch wie wichtig wir den Engeln und Meistern aus der unsichtbaren Welt sind.

Ein Geschenk, das wir dankbar und erfüllt annehmen.

Lassen wir uns in dieser Zeit von den lichtvollen Kräften und würdevollen Begegnungen stärken und den Frieden erfahren.

Jedes dieser Symbole und Mantren bringt Frieden, lasst uns den Krieg überall damit beenden und darüber siegen.

Eine tiefe kriegsfreie Erfahrung für euch alle,

Natara

im September 2020

Vorwort zur ersten Auflage

Meine lieben Freunde,

dieses Buch ist entstanden zwischen Buchvorstellungsterminen für das Buch „Gespräche mit Erzengel Michael, Band 2", Einzelsitzungen und Büroarbeiten.

Ich bin so begeistert und berührt von dem Wissen, das Erzengel Michael und die Geistige Welt uns geben.

Es ist wichtig, diese Symbole und Mantren erst für dich einzusetzen, bevor du sie für andere einsetzt. Nehmen wir die Geschenke dankbar an und arbeiten zum Wohle des großen Ganzen.

Viel Licht, Liebe und Vertrauen beim Einsetzen der heilenden Mantren und Symbole.

Herzlichen Dank an:

~ Erzengel Michael, für die täglichen großen und kleinen Wunder,

~ das Kamasha Buch-Team: Anyto, Layano, Yatreeka, Ranyali, Asharo, Naysha, Kalina, Ma Lashara, Ramaya, Mataya, Larala und Shankeero – ohne euch wäre das Buch nicht in der Schnelligkeit und Kraft entstanden,

~ Ramaya für die unendliche Liebe, Kraft und Begleitung,

~ Shankeero für die liebevolle Unterstützung und Beratung, so dass dieses Buch auch ein Arbeitsbuch wurde,

~ alle Menschen, die dabei helfen, das Licht auf der Erde zu manifestieren.

Mögen alle Lebewesen erkennen, dass sie Liebe sind.

Natara,

im Juli 2004

Inhalt

Anhang

Einleitendes zu den Mantren

> *„Und wir aus der geistigen Welt geben euch das Wissen der Symbole und Mantren, dass ihr immer mehr eurem Herz folgen könnt, dass ihr immer mehr in der Klarheit seid, mit euch selbst authentisch das zu leben, was euer Herz fühlt."*
>
> *Erzengel Raphael*

Die Erde besteht in ihrem Erdmittelpunkt in der 5. Dimension aus 18 Schichten. Diese Schichten bestehen aus Materie, Farben, Kristallen und Steinen. Zu diesen Erdschichten gibt uns die geistige Welt jeweils ein Mantra und ein Symbol mit einer jeweiligen Heilschwingungszahl. Sie erleichtern uns den Aufstieg in die 5. Dimension und unterstützen uns, in immer tieferen Kontakt mit unserem Herzen zu kommen. Die erste Erdschicht ist die äußere Schicht und die achtzehnte die innere. Diese Erdschichten stehen mit unserem Chakrasystem in Verbindung.

Auch besteht eine Verbindung von dem Erdmittelpunkt zu dem neuinstallierten wunderbaren Gitternetz der Einheit.

Wir Menschen haben 7 körperliche Chakren und 11 außerkörperliche, die im Moment für uns Menschen wichtig sind.

Grundsätzlich sind alle Mantren für das entsprechende Chakra, um dieses zu stärken, zu reinigen, zu harmonisieren und zu energetisieren. Sie wirken in jeder Zelle. Sie bringen den Seelenanteil zu dem jeweiligen Chakra zurück. So bringt das 1. Mantra den Seelenanteil für das erste Chakra zurück, das 2. Mantra den Seelenanteil für das zweite Chakra usw. Die Mantren lösen auf sanfte Art Schocks auf, so dass die Seelenanteile wieder den Platz in deinem Körper finden und sich in deinem Körper und Leben manifestieren können.

Wir haben insgesamt 12 Seelenanteile. In jedem Chakra sitzt ein Seelenanteil. Seelenanteile können in unterschiedlichen Situationen verloren gehen: bei der Geburt, bei Schocks, wie z.B. bei allen Arten von Missbrauch, Trennung der Eltern, Narkosen bei Operationen. Der Körper sucht dann, vorrangig nachts, die „fehlenden" Seelenanteile. Diese Anstrengung des Körpers erzeugt eine Disharmonie und führt zu seelischen Unausgeglichenheiten.

„Verlorene" Seelenanteile befinden sich nicht irgendwo im Kosmos, sondern sie „schwirren" in unserem Aura-System herum. Sie finden den Zugang in unsere Chakren nicht.

Dies äußert sich nachts oft durch Zähneknirschen, Klacken oder Zucken. Nur wenn du alle Seelenanteile in deinen Chakren hast, kannst du dich in deinem Leben ganz auf der Erde manifestieren mit deinen Fähigkeiten, deiner Kreativität und deinen Qualitäten.

Durch die Mantren und Symbole werden die kosmischen Energien leichter als bisher bis in den Mittelpunkt der Erde transformiert und wieder nach oben in den Kosmos getragen. Unsere Anbindung an die Erde und an den Kosmos wird dadurch gestärkt. Sie ergänzen die bisher bekannten Mantren.

Diese auf der Erde neuen Mantren sind Sanskrit-Silben[1] - Sanskrit ist die älteste uns bekannte Sprache der Erde. Deshalb hat sie die stärkste morphogenetische Kraft. Jeder Buchstabe ist Sanskrit und trägt eine große Liebesschwingung, die durch ihre Schwingung unsere Chakren berührt.

108 Lichtwesen begleiten jedes Mantra.

Am meisten Kraft haben die Mantren, wenn du sie im 9-er Rhythmus singst, jedoch kannst du sie auch sprechen oder denken.

Gerne kannst du sie für andere Menschen anwenden. Damit wird ihre Energie erhöht. Die Mantren können nicht zu eigenen Zwecken missbraucht werden. Wenn sie nicht mit offenem Herzen und in Selbstlosigkeit für jemand anderes gechantet werden, verlieren sie ihre Wirkung. So bleiben sie immer rein. Der Mensch, für den sie gechantet werden, ist frei, die heilenden Schwingungen anzunehmen oder auch nicht.

Du kannst intensiven und tiefen Kontakt mit den Erdschichten aufnehmen, indem du die folgende Technik anwendest:

1 Jeder Mensch hat Seelennamen, die auch aus Sanskrit-Silben bestehen. Erzengel Michael sagt dazu: „Durch das Aussprechen des Seelennamens wirst du an diese Seelenebene erinnert, an dieses Potenzial. Durch diesen Namen kannst du auch den Seelenanteil wieder zurückbekommen, wenn du mit ihm arbeitest, mit ihm meditierst. Und dann kann die Energie auch viel freier fließen. Dieser Name deines Seelenanteils ist eine Manifestation deines Seelenanteils."

Singe oder spreche 9 Mal ein Mantra.

Male dann mit der rechten Hand (gilt auch für Linkshänder) 1-18 Kreise gegen den Uhrzeigersinn in die Luft. Je nachdem, mit welcher Erschicht du dich verbinden möchtest. Beim 1. Mantra – einen Kreis, beim 9. Mantra – 9 Kreise. Die Handinnenfläche zeigt nach vorn.

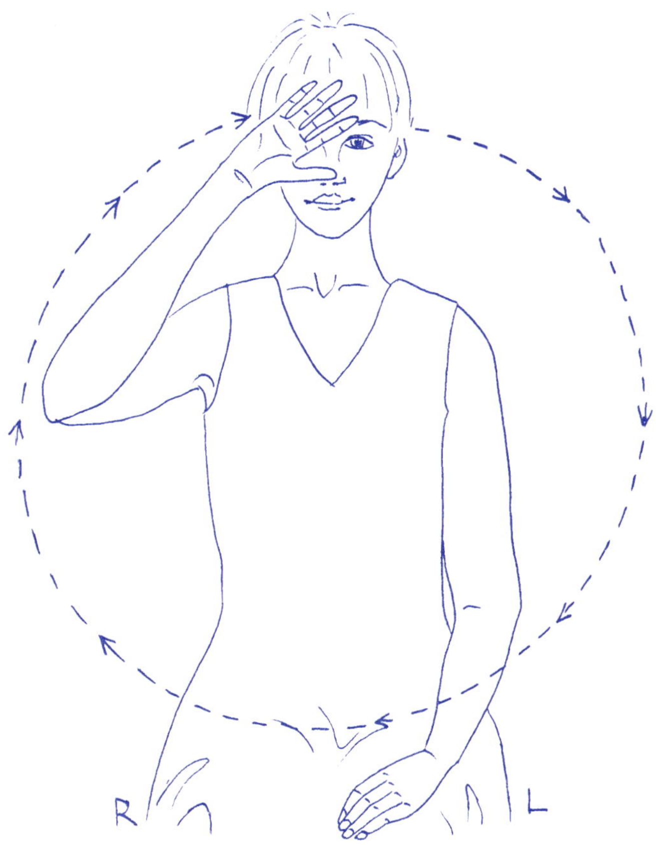

Wenn du die entsprechende Anzahl an Kreisen gemacht hast und mit deiner Hand wieder oben angekommen bist, dann nimm die linke Hand und lege sie an die Höhe deines zweiten Chakras. (Die Handinnenflächen zeigen zueinander.)

Nun drehe deine rechte Hand im Uhrzeigersinn zu deinem zweiten Chakra und deine linke Hand im Uhrzeigersinn nach oben.

Der Kreis hat sich nun ein halbes mal gedreht. (Die Handinnenflächen zeigen immer zueinander.)

Spüre einen Augenblick nach. Du hast jetzt eine Öffnung zur Erdschicht. Was kannst du fühlen? Jetzt kannst du beide Hände in eine bequeme Position legen und meditieren.[2]

Nach der Meditation kannst du dir die Ohrläppchen drücken. Dies holt dich aus der Tiefe der Meditation, so dass du deinem Alltag wieder nachgehen kannst.

2 Die Bilder zu dieser Meditationsanleitung sind von Monika Seiffert liebevoll gezeichnet worden. Wir danken ihr dafür sehr herzlich.

Einleitendes zu den Symbolen

> *„Und dass ihr immer mehr das Licht manifestieren könnt und das Licht auch halten könnt in euren Zellen, dass es nicht immer wieder abflacht. Dafür sind die Symbole auch. Denn das Licht wird grenzenlos stark. Immer und immer mehr. Und diese Symbole schützen euch auch. Sie schützen euch alle vor atomarer Verseuchung. Jedes Symbol schützt Euch davor."*
>
> *Erzengel Michael*

Diese 18 neuen Symbole bringen Kraft mit auf die Erde, sie stärken deine Aura, sie gleichen aus, führen dich in die Stille des Seins und zu deinem Potenzial. Die Symbole stellen einen großen Schutz gegen äußere Einflüsse und Energien für dich dar.

Mit jedem Symbol findet eine Energieübertragung statt, die bei jedem Menschen unterschiedlich sein kann. Es kommt darauf an, was gerade gereinigt wird und welche Energien der Körper in sich trägt.

Die Symbole leben, sie arbeiten in dir und sie aktivieren in dir das Leben.

> *„Lasst die Menschen entscheiden, wenn ihr dieses wundervolle Buch entstehen lasst. Lasst sie aus diesem wundervollen Arbeitsbuch eine Seite aufschlagen und dieses Symbol ist das, was der Körper gerade braucht. So einfach."*
>
> *Erzengel Raphael*

Wie deine Reaktionen auf die Arbeit mit den Symbolen sind, ist unterschiedlich.

> *„Wir sind hier, um euch und der Erde dieses Wissen zu geben. Und dieses Wissen bringt euch aus dieser Polarität in die Einheit. Diese Symbole spalten nicht, und dieses Wissen spaltet nicht. Es kommt aus der Quelle. Es kommt aus der Einheit. Und das ist wichtig.*
>
> *Es ist wichtig, dass ihr fühlt. Dass ihr wirklich fühlt. Dass ihr euch fühlt. Polarität ist Glaube. Fühlen ist die Einheit. Das Fühlen hat Kraft. Und wenn ihr euch selbst fühlt, seid ihr alles. Und das ist die große Königsvision: Zu fühlen. Und das ist*

Achtung. Und das ist: Wahrheit zu leben. Und ihr bekommt diese ganzen Symbole, Mantren, um euch selbst wieder ganz zu fühlen auf der Erde. Und das Licht begleitet euch alle Zeit, wenn ihr in eurem Herzen seid."

Erzengel Michael

Anwenden kannst du die Symbole, indem du mit ihnen meditierst, sie auf deine Chakren legst; du kannst sie bei dir tragen und Räume, Häuser und Plätze damit energetisieren.

Du kannst dich auf die Symbole legen oder setzen. Die Wirkung ist immer dann am stärksten, wenn das Symbol direkt auf deinem Körper aufliegt.

Eine weitere Möglichkeit die Symbole anzuwenden besteht darin, einen Heilkreis zu machen.

Heilkreis mit Symbolen

„Alles was du darin denkst, wird sofort Materie. Wenn du in den Kreis gehst, bist du ganz offen. Doch du hast auch gleichzeitig den Schutz."

Erzengel Michael

Der Heilkreis mit den Symbolen harmonisiert, aktiviert und energetisiert dich. Er erlöst Krankheiten, allgemeines Unwohlsein, und gleicht emotionales Ungleichgewicht aus. Du kannst darin Dinge auflösen wie alte Leben, alte Geschichten und Blockaden. Mit Hilfe des Symbolheilkreises kannst du viel schneller deine Wünsche und Visionen zu einer lebbaren Realität werden lassen.

Der Aufbau des Symbol-Heilkreises

Lege alle Symbole (1-18) mit ihrem „Kopf" nach außen in einen Kreis.

Die beste Resonanz mit dem Symbolkreis erreichst du, wenn du die Symbolkarten aufstellst.

„Ihr könnt sie in einem großen Kreis auslegen. Euch darin legen und ihr werdet spüren, dass ihr nur eine Minute drin sein braucht, weil die Energie so stark wird, dass ihr aufgeladen seid, von oben bis unten, von unten nach oben. Und ihr könnt in diesem Kreis alles manifestieren, alles. Die Zeit kann variieren. Die Energie ist sehr, sehr stark. Und ihr werdet es spüren, wenn ihr in diesem Kreis seid, dass sich sehr schnell eure Aura verändert, eure Zellen, euer Bewusstsein. Handelt nach eurem Gespür. Es kann auch mehr sein, aber am Anfang ist es wichtig, dass sich eure Aura und euer Körper einstellen auf diese größte kosmische Schwingung. Irgendwann, wenn sich eure Zellen darauf eingeschwungen haben, kann er auch auf Dauer dort sein. In euren Therapiezimmern, aber nicht in euren Schlafzimmern, dass wäre zuviel."

Erzengel Michael

Gehe sehr achtsam, klar und bewusst mit diesem Kreis um – achte auf deine Gedanken und Formulierungen. Was du in Auftrag gibst, wird geschehen.

„Du solltest dir vorher klar werden, was du brauchst. Das Wichtigste ist die ABSICHT, wenn du in diesen Kreis gehst. Es ist wichtig, dass du deine Gedanken immer mehr ins Herz bringst, dann brauchst du gar keine Angst mehr zu haben, wenn du im Kreis bist, wenn du wirklich deine Gedanken in Liebe bringst."

Erzengel Michael

Auch hier kannst du mit Fotos, Namen usw. von anderen Lebewesen für sie etwas tun, doch NICHT ohne ihr Wissen und ihr Einverständnis.

„Es ist ganz wichtig, dass die Menschen davon wissen, wenn du sie in den Kreis legst."

Erzengel Michael

Ihr könnt damit Kraftplätze erschaffen und der Erde Heilung bringen.

Der Symbol-Heilkreis strahlt 108 Meter in alle Richtungen. Die Hauptwirkung ist im Kreis. Die Schwingung des Kreises ist über einen Raum von 108 Metern zu spüren. Das Energiefeld des Symbolkreises bleibt 21 Stunden in deiner Aura und an dem Platz. Es bleibt 21 Stunden erhalten, auch wenn du den Kreis nur für eine Minute ausgelegt hast.

Engelgruppen und Töne

Die Symbole werden begleitet von Engelgruppen; zu jedem Symbol gehören 108 Engel. Sie sind sofort präsent und du kannst sie um Heilung bitten.

Die Engelgruppen beschützen die Symbole und entziehen auch den Symbolen die Kraft, wenn sie missbraucht werden.

Du kannst auch die Engelgruppe bitten. Je mehr du mit den Engelgruppen arbeitest, desto mehr bekommst du Kontakt mit ihnen.

Töne zu dem Symbolen

Jede dieser Symbolkombinationen hat einen eigenen Ton. Jede Engelgruppe schwingt in einem Ton, und das dazugehörige Mantra ebenfalls. Du kannst dich, wenn du mit Menschen arbeitest, in diesen Ton einschwingen, ihn aber nicht unbedingt von der Person singen lassen.

> *„Ihr könnt auch ohne die Symbole mit den Engelgruppen arbeiten. Beschränkt euch nicht auf das. Fließt mit – das ist das allerwichtigste. Lasst es fließen. Das ist das allerwichtigste, dass ihr euch fallen lassen könnt damit, dass ihr wirklich die Präsenz spürt: wie stark sie sind, wie kraftvoll, was ihr für Möglichkeiten damit habt.*
>
> *Denn jedes Mantra und Symbol schwingt in der Göttlichen Energie, durch die Göttliche Energie, und es aktiviert in euch, was aktiviert werden soll. Und das ist vor allem, das Ego aufzulösen.*
>
> *Und dass es geschieht, dass ihr im HIER und JETZT seid - in der Glückseligkeit.*
>
> *Und mit den Symbolen und Mantren geschieht es durch euch. Und wenn ihr euch noch viel mehr mit den Symbolen verbinden wollt als euch draufzusetzen, zu meditieren, eure Bilder darauf zu legen, dann geht mit dem Daumen auf jeden Strich der Symbole. Es ist völlig egal, wo ihr anfangt. Und wenn ihr diese Striche nachgezogen habt, sind sie in eurem Daumen gespeichert. Ihr könnt einen Druckpunkt nehmen in eurem Körper, um somit noch viel mehr diese Kraft in euch zu verankern."*
>
> *Babaji*

Symbole	Name der Engelgruppe	Ton
1, 2, 3	MELODA	A
4, 5, 6	KABINA	F
7, 8, 9	ANDROMA	C
10, 11, 12	NIVARA	D
13, 14, 15	RAMIKA	G
16, 17, 18	ANKALA	H

Wichtige Hinweise

- Benutze die Symbole am Anfang nicht länger als 12 Minuten täglich.
- Führe die Behandlungen mindestens 21 Tage aus.
- Wenn du die Mantren und Symbole für dich und andere Menschen anwendest, dann verwende nicht mehr als 3 Mantren oder Symbole auf einmal.
- Die Mantren werden immer im 9-er Rhythmus gesprochen oder gesungen.
- Kinder können mit den Mantren behandelt werden, doch mit den Symbolen erst ab dem 3. Lebensjahr.
- Bitte lasse die Symbole, wenn du gerade nicht mit ihnen arbeitest, nicht offen sichtbar liegen, da sie eine sehr starke Schwingung haben.
- Wenn du Bilder von Menschen, Tieren oder Pflanzen auf die Symbole legst, so ist es wichtig, diese Bilder nicht aufeinander, sondern immer nebeneinander zu legen.
- Wenn du eine Energieübertragung über die Ferne, z.B. über Fotos anwendest, ist die Voraussetzung dafür, das du das Einverständnis dieser Person vorher eingeholt hast. Eine Ausnahme bildet das Symbol der 7. Erdschicht. Dieses Friedenssymbol darfst du verwenden, ohne die anderen Personen dazu befragt zu haben.
- Die Anwendung der Symbole und Mantren kann, wie jeder ganzheitliche Prozess, eine Erstverschlimmerung hervorrufen.
- Begrenze dich nicht mit diesem Wissen. Bleibe offen und frei. Probiere selbst weiter aus.
- Symbole und das jeweilige Mantra können in Kombination angewendet werden. Die Energie wird verstärkt und wirkt noch viel heilender.
- Wenn du dich mit den Mantren verbindest oder mit den Symbolen arbeitest, bekommst du viele, viele Möglichkeiten aufgezeigt, dein Leben zu ändern, und erfährst Unterstützung für deinen Herzensweg.

Hier noch ein Auszug aus einem Channeling, den ich dir mit auf den Weg gebe.

Erzengel Michael über die Mantren und Symbole:

> *„Und diese Symbole und Mantren bringen euch nach Hause zu euch selbst, zur Erde und zum Kosmos. Denn ihr seid beides. In euch lebt die ganze Erde und in euch lebt der ganze Kosmos. Und die Symbole bringen beides wieder in Einklang.*
>
> *Sie bringen euch weiter und sie bringen euch noch viel tiefer zu euch - diese Symbole und Mantren."*

Ausschnitte aus mehreren Channelings

Um dieses Buch:"Symbole und Mantren für den Aufstieg" zu manifestieren, traf sich eine kleine Gruppe von Menschen regelmäßig zum Channeling. Hier ein paar Ausschnitte aus diesen Channelings. Diese können euch bei der Arbeit mit den Symbolen und Mantren unterstützen:

FRAGE: Was ist der Unterschied zwischen den Mantren einer Erdschicht und den Symbolen einer Erdschicht?

ERZENGEL MICHAEL: *Die Symbole wirken in den tieferen Schichten eures Körpers. Die Mantren arbeiten auf der feinstofflichen Ebene. Ihr schwingt sie durch das Chanten in eure Aura und Zellen, doch wenn ihr mit den Symbolen arbeitet, hat es eine sehr starke tiefere Kraft.*

FRAGE: Was bewirken die Mantren?

ERZENGEL MICHAEL: *Sie ziehen viel Altes heraus, was in euren Chakren manifestiert ist. Sie dienen den Menschen dabei, zu ihrem Ursprung zurückzukommen.*

Nehmt diese Kraft. Und ihr könnt handeln. Diese Mantren sollen euch auch öffnen für eure Eigenverantwortung, die ihr mitgebracht habt.

Das wichtige ist, dass ihr den Kontakt zu eurem Herzen immer mehr bekommt und diese Mantren helfen euch dabei.

Sie helfen euch loszulassen, zu manifestieren – immer mehr in den Kosmos einzutauchen.

FRAGE: Wie sind die Mantren mit den menschlichen Chakren verbunden?

ERZENGEL MICHAEL: *Die Mantren 1 bis 7 sind direkt mit den menschlichen Körperchakren verbunden. Die Chakren 8 bis 18 wirken außerhalb des Körpers.*

FRAGE: Gibt es noch mehr Mantren?

ERZENGEL MICHAEL: *Ja, aber diese sind die wichtigsten für euch auf der Erde.*

FRAGE: Wann sind die Mantren am wirksamsten?

ERZENGEL MICHAEL: *Wenn sie 9-mal nacheinander gesungen werden. Sie können aber auch gedacht oder gesprochen werden.*

FRAGE: Sollen die Heilschwingungszahlen in Verbindung mit einem Mantra oder einem Symbol verwendet werden?

ERZENGEL MICHAEL: *Die Zahlen können auch einzeln verwendet werden. Du kannst dir die Zahlen aufsprechen, auf ein bestimmtes Organ geben oder auf ein Blatt Papier legen und ein entsprechendes Photo darauf legen. Du kannst die Zahl auch auf die entsprechende Körperstelle malen.*

FRAGE: Wirken die Mantren auch bei Menschen, die hierfür noch nicht offen sind?

ERZENGEL MICHAEL: *Wenn ihr euch trefft, um diese Mantren gemeinsam zu singen und wenn ihr sie auch schon für euch benutzt, dann geschieht es immer auch für das Kollektivbewusstsein, für alle Lebewesen auf der Erde – immer. Begrenzt euch nicht mehr auf euch selbst. Sondern tut es für alle. Das ist wichtig.*

FRAGE: Wenn es um die Heilung erkrankter Organe geht, ist es dann wirkungsvoller, ein Foto auf das Symbol zu legen oder sich selber darauf zu stellen ?

ERZENGEL MICHAEL: *Wenn es die Möglichkeit gibt, ist es besser, sich selber darauf zu stellen oder zu setzen. Die Schwingung ist wirkungsvoller, wenn ihr es direkt auf eurem Körper benutzt.*

Ihr könnt euch auch in einem Anatomiebuch das entsprechende Organ suchen und dann die Energie dieses gesunden Organs einschwingen, indem ihr eure Hand erst auf die Abbildung legt und anschließend mit der Hand zu eurem Herzchakra geht. So wirkt alles viel schneller. Es ist doch alles Schwingung, ihr habt phantastische Möglichkeiten. Ihr könnt sie nutzen.

FRAGE: Woher weiß ich, dass die Abbildung aus dem Anatomiebuch eine positive Energie hat. Du hast uns ja erklärt, wie groß die Gedankenkraft ist. Wenn derjenige, der das Bild gezeichnet hat, in diesem Augenblick sehr belastet war, dann sind seine Emotionen und Gedanken als Schwingung in der Abbildung – so schwinge ich mir diese negativen Energien ein, oder?

ERZENGEL MICHAEL: *Du kannst die Abbildung vorher zwischen deine beiden Hände nehmen und die geistige Welt bitten, dass sie alle Informationen, die negativ sind, löscht und dann schwinge es ein! Alles ist möglich.*

FRAGE: Alles ist möglich?

ERZENGEL MICHAEL: *Ja. Wenn du deinen Blinddarm verlierst, gehst du mit deiner Hand auf den Blinddarm im Anatomieatlas und schwingst die Information dieses Bildes wieder ein, in Verbindung mit dem Symbol.*

FRAGE: Sollen die Fotos während einundzwanzig Tagen täglich zwölf Minuten auf den Symbolen liegen, oder dürfen sie auch 24 Stunden auf den Symbolen bleiben?

ERZENGEL MICHAEL: *Grundsätzlich reichen zwölf Minuten am Tag. Du kannst sie aber auch einundzwanzig Tage darauf liegen lassen. Die Menschen, Tiere, Pflanzen, die behandelt werden, nehmen die heilende Energie an, oder nicht – wie sie es wollen.*

FRAGE: Dürfen Fotos auf dem frei sichtbaren Symbol liegen, oder sollte das Symbol verborgen sein?

ERZENGEL MICHAEL: *Ja, das sollte es. Du kannst es in eine Schublade legen.*

FRAGE: Ist es wichtig, die Originalsymbole zu nutzen?

ERZENGEL RAPHAEL: *Es ist schon wichtig, diese Vorlagen zu benutzen, die Erzengel Michael euch gegeben hat. Sehr wichtig.*

FRAGE: Kann die Arbeit mit einem Symbol gezielt helfen?

ERZENGEL RAPHAEL: *Es kommt immer darauf an, was du damit machst. Wir können alles lösen, alles, doch du mußt es dann verändern in deinem Leben. Es gibt einen Grund, warum der Körper sich quält, warum der Körper diesen Zustand angenommen hat.*

Wir können alles lösen, doch das wichtigste ist, dass der Mensch auch bereit dazu ist und dass der Mensch, dann, wenn er dieses große Geschenk bekommen hat: dass wir etwas gelöst haben, dass er es dann auch umsetzt in seiner Umgebung. Wenn er sein Leben genau so weiterführt wie bisher und sagt: ich geh zu einem Engel, der macht mir das weg, dann ist das nach drei oder zehn Tagen wieder da.

Heilung geschieht. Heilung geschieht nur, wenn die Menschen wieder ihren Respekt bekommen zu sich selbst, die Achtung zu sich selbst.

Es ist niemals ein Konsumieren. Niemals. Das Konsumieren bringt euch weg von euch. Das ist das wichtigste bei allen Heilungen.

Die Symbole bringen euch zu euch selbst, wenn ihr in Verantwortung, in Achtung mit ihnen umgeht.

FRAGE: Durch die Mantren und Symbole geschieht Heilung – wir dürfen dann überrascht sein, was passiert?

ERZENGEL MICHAEL: *Heilung geschieht immer. Ihr dürft nicht immer davon ausgehen, dass Heilung gleich heilsein bedeutet zum Leben. Auch wenn jemand sich entscheidet bei der Heilung zu gehen, bedeutet das: es ist Heilung geschehen. Wie die Seele sich entscheidet, das obliegt nicht euch und keinem Heiler. Wenn die Seele sich entschieden hat, die Erde zu verlassen mit der Symptomatik der Krankheit, dann könnt ihr Heilung bringen, indem die Seele noch viel leichter den Körper verlässt. Geht wirklich nicht davon aus, dass Heilung immer Gesundung bedeutet. Heilung bedeutet auch, dem Menschen zu helfen, dass er sich viel leichter lösen kann, wenn die Seele sich entschieden hat zu gehen.*

FRAGE: Wir können das Symbol der 12. Erdschicht anwenden, wenn es um alle Funktionen des Gehirns geht, nicht nur um das Denken?

ERZENGEL RAPHAEL: *Alle, das Denken ist doch der kleinste Teil. Auch für alle organischen Schäden des Gehirns ist das Symbol wichtig.*

FRAGE: Also so etwas wie Alzheimer?

ERZENGEL RAPHAEL: Wenn ihr es so nennen wollt ...

FRAGE: Wie würdest du es denn nennen?

ERZENGEL RAPHAEL: *Einen Abbau von Gehirnmasse durch Fremdsubstanz. Tierische Erreger dringen in das Gehirn ein und zerstören Gehirnmasse: BSE! Es ist die Entwicklung eures Fleischkonsums, egal in welcher Zeit. Der Code, um diese Krankheit zu knacken, ist 408.*

FRAGE: Kann damit erkrankte Gehirnmasse wieder regeneriert werden?

ERZENGEL RAPHAEL: *Ja, es kann sich Gehirnmasse neu bilden. Es ist möglich. Immer wenn die Bereitschaft dazu da ist, das Leben zu ändern, dann ist Heilung möglich.*

FRAGE: Wie würdest du Demenz nennen?

ERZENGEL RAPHAEL: *Vergessen wollen. Das Leben vergessen wollen.*

FRAGE: Vielleicht auch den Schmerz vergessen wollen?

ERZENGEL RAPHAEL: Das sind lauter unaufgelöste Schocks, die sich in den oberen Gehirnbereichen manifestieren.

FRAGE: Aber hat es etwas mit wollen zu tun? Ganz bewusst?

ERZENGEL RAPHAEL: *Es hat mit vergessen wollen zu tun. Sonst würde es nicht entstehen. Auf einer Ebene ist es eine ganz bewusste Entscheidung zu vergessen.*

FRAGE: Kann man aber manchmal verstehen, bei manchen Menschen.

ERZENGEL RAPHAEL: *Es wäre viel schöner auf der Erde, wenn sie sich ausdrücken, wenn sie wirklich ihren Schmerz leben würden, ihre Wut, ihre Trauer, wenn sie wirklich das rauslassen würden, müssten sie nicht so lange auf den Tod warten. Und zu vergessen bedeutet, sie wollen ja auch ihr ganzes Leben vergessen und das bedeutet auch, dass sie alles vergessen. Und deshalb können diese Menschen nicht sterben, weil sie vergessen loszulassen. (...)*

FRAGE: Wie können wir ihnen helfen?

ERZENGEL RAPHAEL: *Mit dem 12. Symbol, mit dem Mantra und mit der Mantraessenz, mit wirklich intensiver Betreuung kann man jeden Menschen wieder dort rausholen, aus diesem Vergessen, wenn man diese Schocks, die da sind, auflöst.*

Das Mantra für die 1. Erdschicht

ARAVI

bedeutet: „Vom Licht getragen auf der Erde"

Dieses Mantra verbindet euch mit dem Mittelpunkt der Erde. Es dient eurer Erdung.

Zudem bringt es eine heilende, ausgleichende und harmonische Schwingung in euer erstes Chakra sowie in Räume und auf die Erde.

Dieses Mantra hat den größten Kontakt mit der Zellmembran eurer Körperzellen.

Es hilft euch, ganz auf der Erde anzukommen.

ARAVI löst Blockaden im ersten Chakra und lässt Mauern einbrechen im Gefühl, nicht geerdet zu sein.

Es geht darum, euer Potenzial auf der Erde zu leben. Es geht um die Ankunft auf der Erde. Wer gut auf der Erde angekommen ist, der kann sein Potenzial leben. Sonst kann der Mensch nicht fokussieren. Sonst schwirrt der Mensch herum. Du kannst nur zu einem Götterboten werden, wenn du geerdet und im Hier und Jetzt bist.

ARAVI öffnet und reinigt eure Fuß-Chakren und Hand-Chakren.

Die Durchblutung wird im ganzen Körper gefördert, denn oft haben Menschen, die nicht geerdet sind, kalte Hände und kalte Füße.

Das Mantra dient der Orientierung, den neuen Lichtweg auf der Erde zu gehen.

Ihr könnt damit Kraftplätze aktivieren und das große göttliche Licht auf der Erde manifestieren.

Die Farbe des Mantras und der ersten Erdschicht ist ein tiefes Rot.

Der dazugehörige Edelstein ist der Rubin.

Das Symbol für die 1. Erdschicht

Die Körperzellen werden mit diesem Symbol aktiviert. Dieses Symbol bringt eure Zellen ins Gleichgewicht und dadurch auch euer Leben. Es geht um die Entscheidung, das zu leben, was euer wahres Potenzial ist.

Es löscht eure Ängste, ganz auf der Erde da zu sein, denn das ist die größte Konfrontation und Herausforderung, euer Leben anzunehmen. Das Symbol bringt euch in Kontakt mit den tiefsten Schichten eurer Zellen, dass ihr wirklich eure Kraft manifestieren könnt. Und wenn ihr da seid auf der Erde, braucht ihr auch keinen Schutz mehr, denn Schutz braucht ihr nur, wenn ihr nur halb in eurem Körper seid, dann seid ihr angreifbar. Aber wenn ihr ganz da seid, seid ihr eure eigene Göttlichkeit. Es ist wichtig, dass ihr euch wirklich ganz verankert, dass ihr euch noch tiefer auf diese Reise einlasst. Denn diese Inkarnation ist die größte Entscheidung für die Erde und für euch. Und deshalb: Lasst es wirklich geschehen.

Dieses Symbol bringt euch den ersten Seelenanteil wieder zurück. Und das braucht ihr, um wirklich auf der Erde zu sein.

Ganz auf der Erde da zu sein bedeutet, dass ihr die Erde spürt, dass ihr den Kosmos spürt und dass ihr wirklich Kanal seid zwischen beidem. Und ganz bedeutet, dass ihr alle Fähigkeiten, die ihr mitgebracht habt, wirklich lebt. Ihr habt alle das Potenzial des Hellfühlens, des Hellsehens, ihr alle. Und darum geht es, dass ihr wieder euer Potenzial lebt und das bedeutet, ganz im ersten Chakra zu sein.

Dieses Symbol ist wichtig für alle Heiler, Ärzte, Therapeuten. Damit ihr Kanal seid für die Erdenergie und die kosmische. Viele Lichtarbeiter spüren nur noch die kosmische Energie. Deshalb ist dieses Symbol so wichtig. Nutzt diese Kraft und meditiert vor jeder Sitzung, vor jedem Kurs mit diesem Symbol.

Es bringt euch in Kontakt mit eurer Urliebe zum Leben.

Anwendungshinweis:

Das Symbol klärt eure Aura und aktiviert; das bedeutet, wenn ihr euch darauf setzt, kann es sein, dass euer Darm oder eure Blase sehr stark angeregt wird.

Die Heilschwingungszahl ist: 911

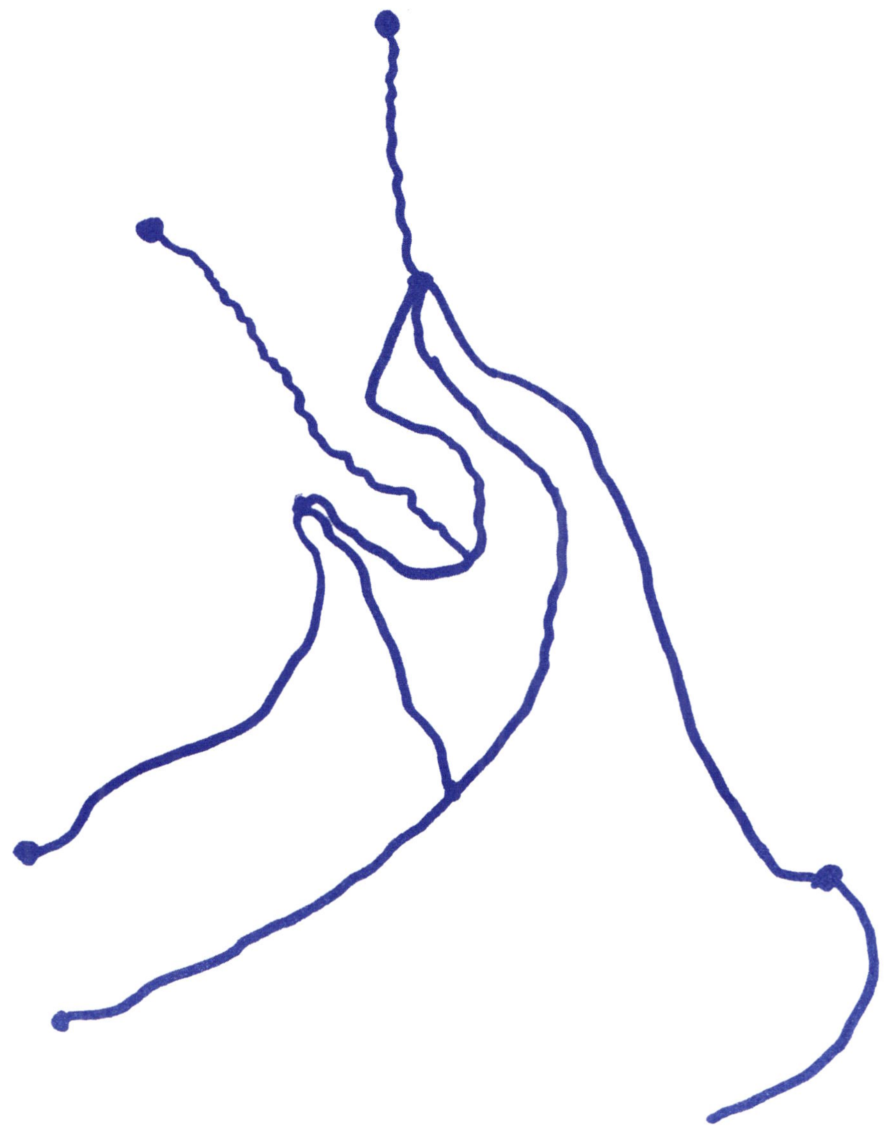

ARAVI

Heilschwingungszahl: 911

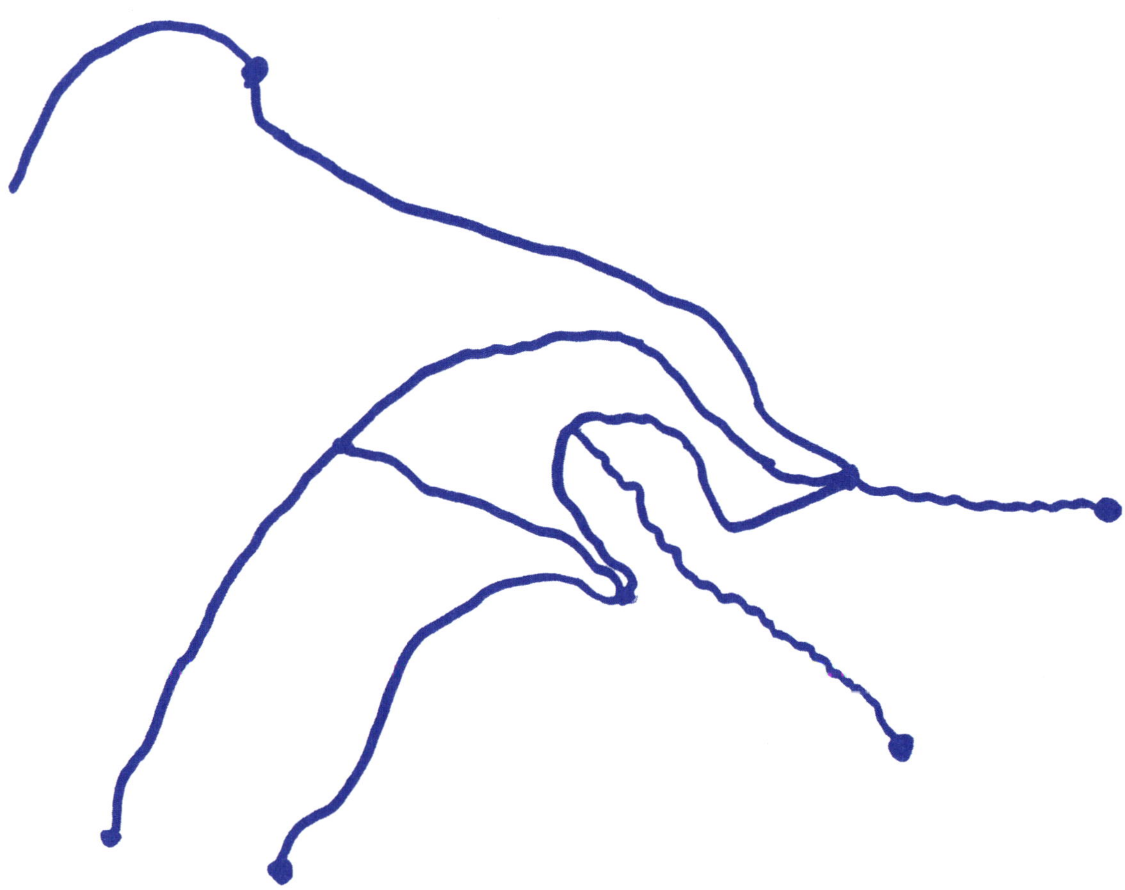

Das Mantra für die 2. Erdschicht

RALAYA

bedeutet: „Die Entwicklung von Schönheit auf der Erde"

RALAYA harmonisiert und reinigt euer 2. Chakra.

Es verbindet euch mit dem Leben auf der Erde.

Es löscht Fehlinformationen aus eurem 2. Chakra.

Ihr Menschen habt die größte Herausforderung zu leben im zweiten Chakra. Euch selbst und eure Sexualität zu leben. Eure Kraft sitzt in dem zweiten Chakra. Und viele Menschen haben Angst, weil sie es nicht gelernt haben, mit dieser Kraft umzugehen. Bringe dich in Kontakt mit dieser Kraft und so kannst du Frieden schließen mit dem, was du bist auf der Erde. RALAYA verändert deine Einstellung zur der bisher gelebten Sexualität. Die Integration deiner Sexualkraft macht dich kraftvoll.

RALAYA reinigt und wirkt ausgleichend für eure Zellen. Es bringt Frieden in eure Zellen. Wenn du Frieden schließt mit dir, ist es der größte Lichtpunkt. Das bedeutet, wenn du den Frieden für dich lebst, dann verändert sich dein ganzes Energiefeld. Und das bedeutet, deine Aura wird stärker und größer. Mit dem Frieden in dir bekommst du auch eine ganz andere Einstellung zu der materiellen Welt, in der du inkarniert bist.

Die Farbe des Mantras und der 2. Erdschicht ist ein tiefes Grün.

Der dazugehörige Edelstein ist der Smaragd.

Das Symbol für die 2. Erdschicht

Das zweite Symbol ist die Energie von Freiheit und von der reinen kosmischen Zelle.

Es aktiviert die Grundschwingung der vollsten Gesundheit in den Zellen. Der Reinigungsprozess wird angeregt und aktiviert.

Jede Zelle trägt die Einheit von Körper, Geist, Seele und Gott in sich. Dies ist durch die Verbindungswege, die aus der Zelle herauskommen, gekennzeichnet. Das Symbol ist die Verankerung zur Erde und zum Kosmos. Es hilft euch dabei, Gott auf die Erde zu bringen und eure Göttlichkeit zu leben.

Dieses Symbol manifestiert die Zelle, so wie sie in ihrer Göttlichen Ordnung ist. Wenn ihr dieses Symbol nutzt, werden eure Zellen wieder gesund und frei.

> *„Das ist eine Zelle, so aufgebaut, wie sie eigentlich wäre. Und bei vielen Prozessen von Krankheiten haben die Zellen resigniert und ziehen sich zurück – wollen nicht mehr leben – zerstören sich selbst. Das bedeutet, dass ihr dadurch sehr viele Menschen von Krankheit befreien könnt. Nehmt eine Krebszelle: sie hat aufgegeben, (...) der Körper kämpft. Wenn ihr einem Menschen diese neue Zelle einschwingt, wenn er sie sich einschwingt, bekommt er die Information einer klaren Zelle."*
>
> *Erzengel Michael*

Das Symbol kann auch als Unterstützung für den Lichtnahrungsprozess verwendet werden.

Mit dem Symbol aufgeladenes Wasser (12 Minuten) bringt euch wieder in die Mitte und sorgt dafür, dass euer Zellwasser gesundet.

Die energetische Information von fehlenden Körperteilen ist immer vorhanden. So können mit diesem Symbol auch herausgenommene Mandeln, Zähne oder amputierte Körperteile behandelt werden und der Phantomschmerz.

Entfernte Organe können wieder zu wachsen beginnen.

Zum Nachwachsen von fehlendem Körpergewebe sagte Erzengel Michael folgendes:

"Grundsätzlich ist alles aktivierbar, alles wiederherstellbar. Es ist die Frage, ob der Mensch es wieder haben will. Es muss eine ganz bewusste Entscheidung sein, sonst funktioniert es nicht. Die Absicht gehört dazu." Und zur Frage, wie lange das „Nachwachsen" der Organe dauern würde: *„Das entscheidet die göttliche Energie. Eine demütige Haltung ist wichtig: Es zu wollen und dieses Wollen zu erbitten."*

Anwendungshinweise:

Ihr könnt mit diesem Symbol Wasser und Nahrungsmittel aufladen, damit diese wieder die Informationen der gesunden Zelle für euch tragen. Aktviert alte, kranke Zellen damit wieder zum Leben. Die Anwendung kann auch zur Erstverschlimmerung führen, da eine sehr starke Aktivierung der Zellen angeregt wird.

Die Information des Symbols von der gesunden Zelle kann in jedes Bioresonanztherapiegerät, in jedes Radionikgerät eingeschwungen werden.

Ihr könnt die Schwingung, die Information der gesunden Zelle über euer Handchakra in das Herzchakra oder dort, wo sich diese entarteten Zellen manifestiert haben, einschwingen, indem ihr eure Hand erst auf das Symbol und danach auf das Herzchakra oder die betroffene Stelle legt.

Auch könnt ihr das Symbol direkt auf die betroffene Stelle legen. Unterstützen könnt ihr das Symbol, wenn ihr das Bild eines Organs oder eines bestimmten Körpergewebes aus einem Anatomieatlas zusätzlich visualisiert.

Nicht bei Entzündungen einsetzen, da es die Durchblutung fördert.

Die Heilschwingungszahl ist: 9 9 9

RALAYA

Heilschwingungszahl: 999

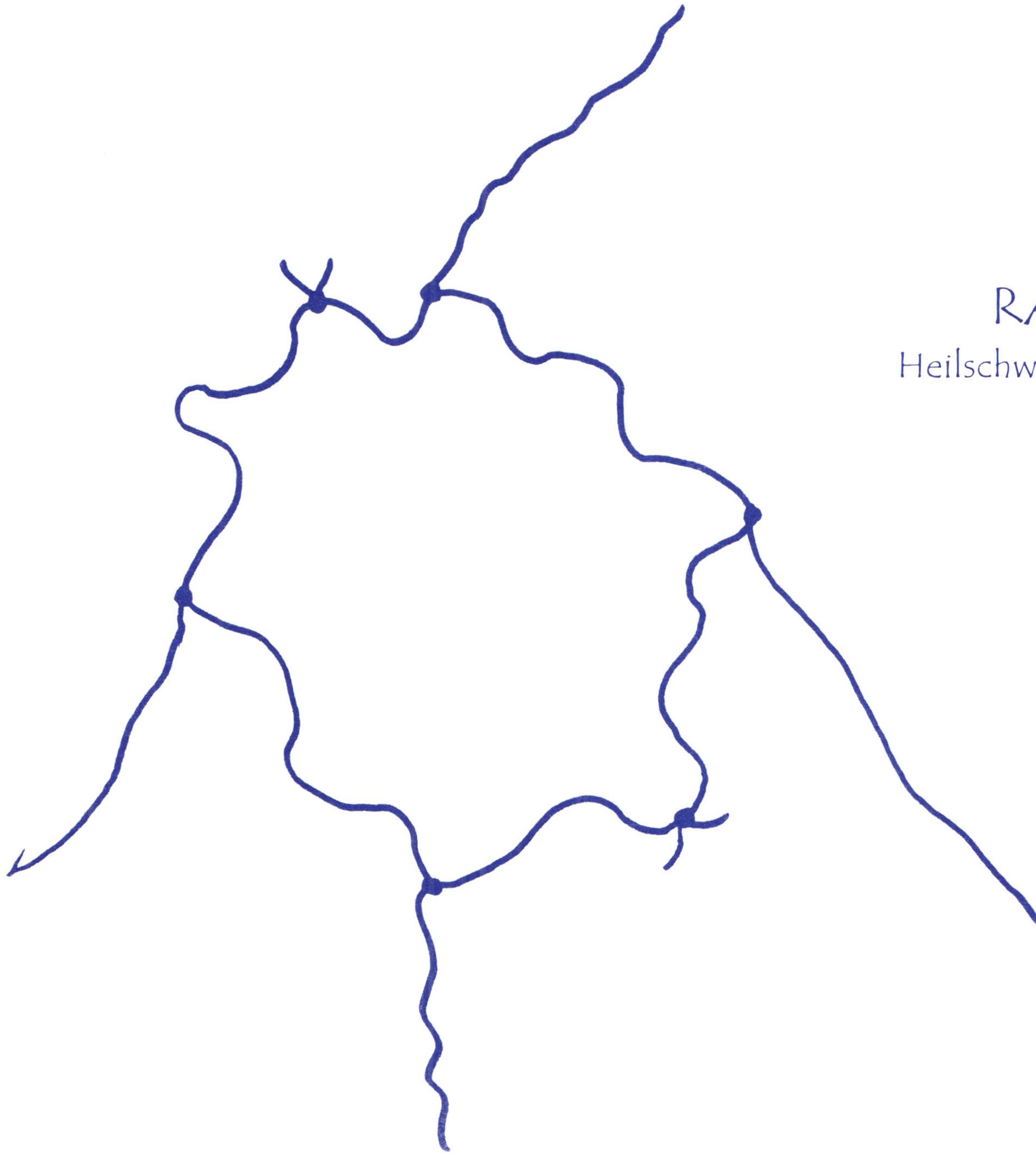

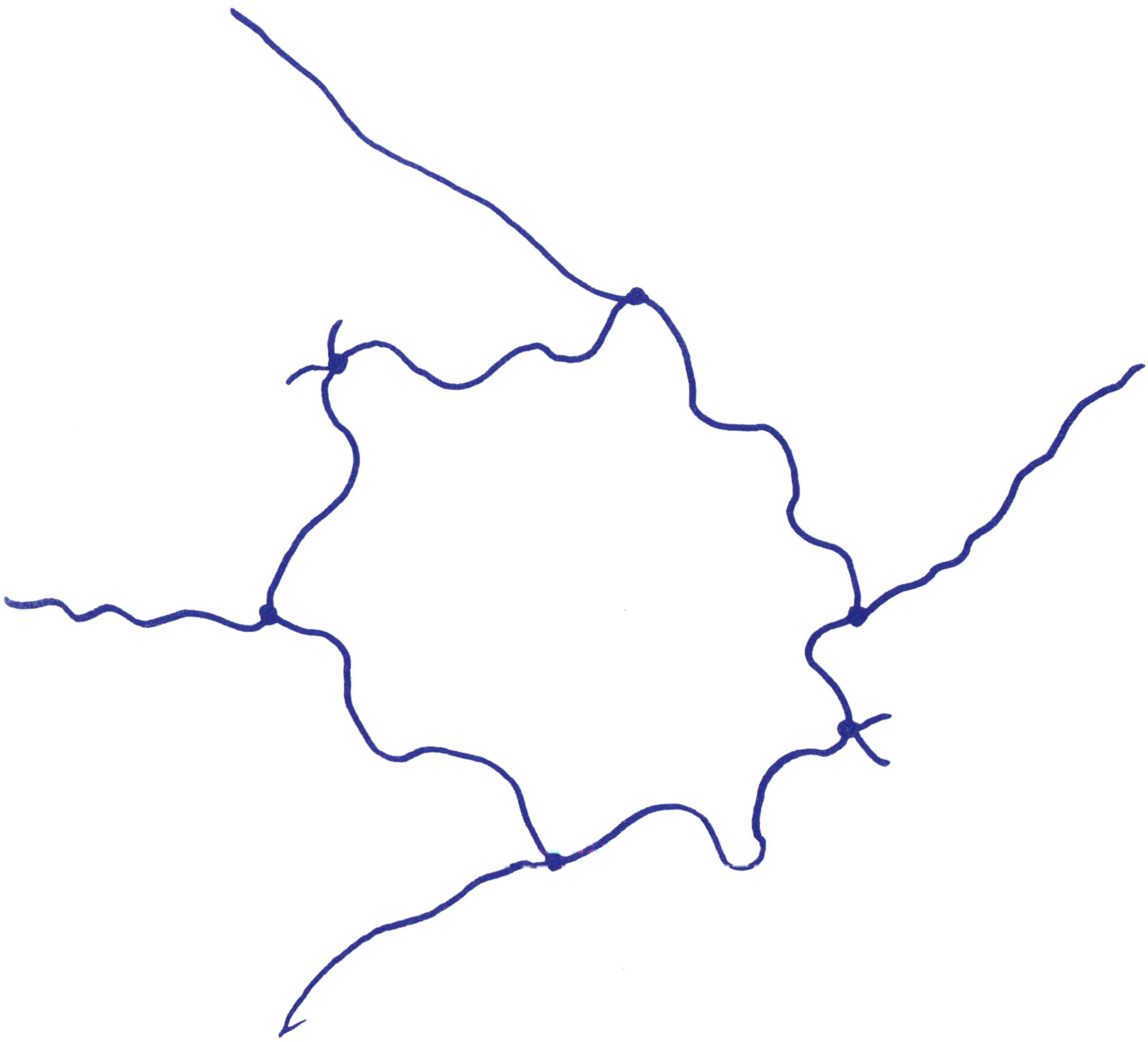

Das Mantra für die 3. Erdschicht

KARANA

bedeutet: „Einheit ist der göttliche Weg"

KARANA reinigt und stärkt euer 3. Chakra.

Bei diesem Mantra geht es um Macht. Um „Leben wollen" und Emotionen.

KARANA gleicht aus, bringt vieles „nach oben" und es hält – stabilisiert. Alle Organe werden ausgeglichen, geklärt und die Angst vor Macht wird genommen.

Es ist wichtig, dass ihr eure Emotionen in Liebe lebt und dass ihr in Liebe mit ihnen in Kontakt kommt. Emotionen sind nicht nur negative Gefühle, Emotion sind auch Freude. Wichtig ist, dass ihr mit allen Teilen eures Fühlens in Kontakt kommt, denn dann seid ihr ganz.

KARANA hilft euch, mit euren Emotionen in Kontakt zu kommen. Und sie in Liebe anzunehmen, sie nicht mehr wegdrücken, denn wenn ihr sie in Liebe annehmt, sind sie schon gar nicht mehr da. Ihr denkt immer noch, ihr müsst gegen Emotionen kämpfen, doch dadurch werden sie viel stärker.

Ihr könnt alles kreieren. Viele Menschen haben aber Angst vor ihrer Lebenskraft oder vor ihren Emotionen. Das kann euch daran hindern, euer Leben in eurer ganzen Kraft zu leben. Emotionen können euch in eure Kraft bringen. Nehmt die Macht, die ihr habt, an in eurem Leben.

Anwendungshinweis:

Das Chanten des Mantras KARANA ist besonders empfehlenswert bei Feuererkrankungen wie Krebs oder Aids und Entzündungen, denn da geht es wirklich darum, sich dem Leben voll und ganz zu stellen.

Die Farbe des Mantras und der 3. Erdschicht ist Gold.

Der dazugehörige Edelstein ist der Citrin.

Das Symbol für die 3. Erdschicht

Bei diesem Symbol geht es darum, die kosmische Energie auf die Erde zu bringen und zu verankern. Es ist ein sehr starkes Symbol bei DNA-Schäden. Wenn deine DNA geschädigt ist, so ist auch deine ganze Zellstruktur geschädigt. Und diese Störung wird durch dieses Symbol aufgehoben.

Das Symbol zur 3. Erdschicht entstört Handystrahlen und löst negative Erdstrahlen (Wasseradern etc.) auf. Und wenn du dieses Symbol an Handymaste machen würdest, wäre das ganze Handynetz entstört.

Dieses Symbol ist besonders geeignet, um Plätze zu reinigen und mit ihnen in Kontakt zu treten.

Es ist ein Symbol, um energetisch und gedanklich – also telepathisch – unabhängig von Zeit und Raum zu kommunizieren. Es ist nur authentische Kommunikation möglich. Um telepathisch zu kommunizieren, ist es wichtig, dass du ganz klar empfangen kannst und ganz klar senden kannst. Und diese Kraft liegt in der Kraft von deinem Solarplexus. Wenn du mit diesem Symbol meditierst und deine Emotionen integrierst, hast du eine gute Basis für die telepathische Kommunikation.

Anwendungshinweis:

Bei diesem Symbol ist es wichtig, dass es richtig herum genutzt wird. (Die Energie kommt von oben nach unten, s. Symbol.)

Es kann dich in Kontakt mit deinen Organen bringen, so dass du mit ihnen kommunizieren kannst.

Die Heilschwingungszahl ist: 111

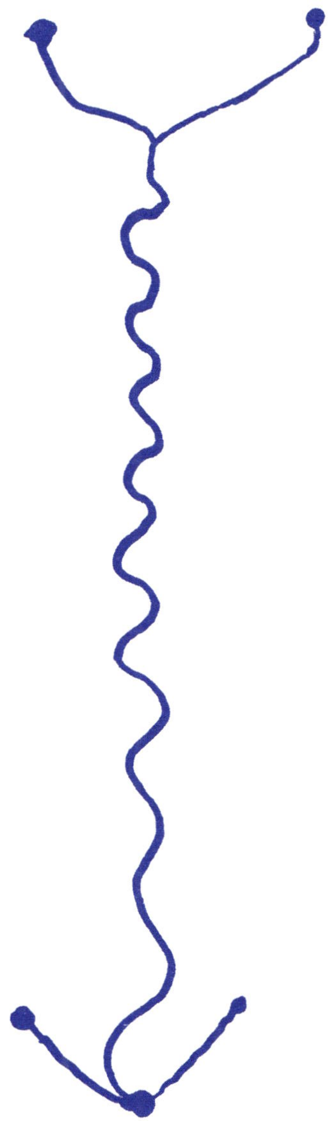

KARANA

Heilschwingungszahl: 111

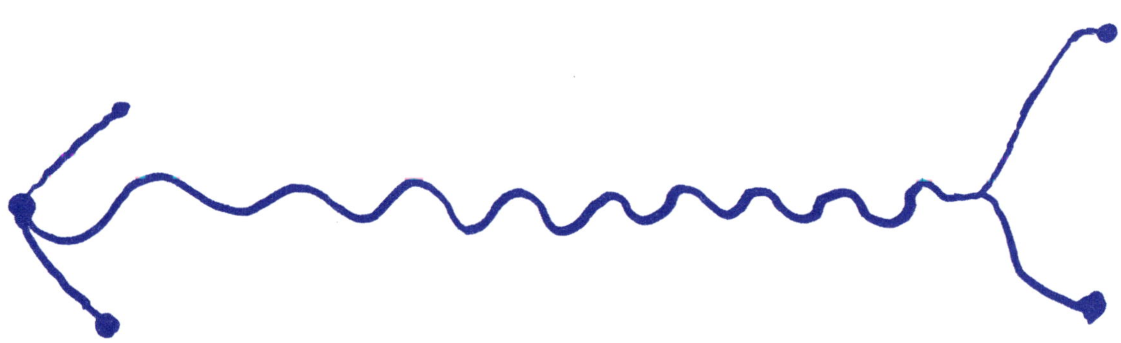

Das Mantra für die 4. Erdschicht

AMRILA

bedeutet: „Unendliches Bewusstsein von Ganzheit"

Das Mantra AMRILA stärkt und reinigt euer 4. Chakra.

Es hilft euch, euch selbst in Liebe zu begegnen. Es dient der Erleuchtung des Herzens.

Das Wichtigste für die Prozesse der Transformation ist, dass ihr in Liebe bei euch bleibt und euch nicht bewertet. Z.B., wenn sich eine Beziehung verändert oder wenn eine Beziehung beendet wird. Es geht darum, dass niemand auf der Erde euch gehört – niemand, dass euch gar nichts gehört auf der Erde – gar nichts. Und deshalb gleicht euer Herz mit dem Mantra AMRILA aus und bringt die leuchtende Energie wieder in euer Herz. Meditiert mit dem Mantra. Seht das, was ihr loslasst, immer als Transformation. Es geht nicht mehr darum, das Alte festzuhalten, sondern wenn sich eine Beziehung auflöst, hat der eine oder der andere etwas losgelassen, etwas transformiert. Seht es nicht als etwas Negatives.

Solange ihr euch nach einer Sehnsucht sehnt, solange ihr euch nach der Liebe sehnt – ist es keine Liebe. Solange ihr euch nach einer Beziehung sehnt, ist es keine Liebe. Es ist ein Wollen, ein „Haben-Wollen", das befriedigt werden will. Doch darum geht es nicht in der Liebe. Sehnen kommt nicht vom Herzen. Sehnen ist nicht frei.

Solange du etwas willst, solange dieses Sehnen noch im Vordergrund steht, der Drang nach etwas Unerfüllbaren, kann es niemals vom Herzen kommen. Aber durch dieses „Unerfüllbare" lauft ihr doch ständig voreinander weg.

Wenn ihr euch ständig nach einer Partnerschaft sehnt und sehnt und sehnt, werden die Bedürfnisse von Partnerschaft zu Partnerschaft immer größer. Doch im Grunde geht es darum, dass ihr euch an euch selbst anlehnen könnt. Und wenn sich eine Beziehung in der höchsten Spiritualität befindet, so ist es doch ein Beziehen auf sich selbst.

Du kannst in der Beziehung sein, musst es aber nicht. Bei euch herrscht immer noch diese Vorstellung, wenn du keine Beziehung hast, bist du nur halb so viel wert. Doch ihr seid die größten Menschen, ob mit Partner oder ohne. Ihr seid die allergrößten Götter, egal wie, ob ihr in einer Beziehung lebt oder nicht. Und das wichtigste ist, dass ihr euch selbst an euch anlehnen könnt.

Die Farbe des Mantras und der 4. Erdschicht ist ein helles Blau.

Der dazugehörige Edelstein ist der Obsidian.

Das Symbol für die 4. Erdschicht

Es ist ein ganz spezielles Symbol für eure Lebenskraft, um eure Lebenskraft wieder zu verstärken. Denn bei voller Lebenskraft habt ihr das Potenzial, euer Leben ganz zu manifestieren. Bei vielen, vielen Menschen nimmt die Lebenskraft immer mehr ab: durch Strahlung, durch die Lebensweise, völlig gegen den Biorhythmus zu leben, durch die Verunreinigung der Erde. Bei vielen Menschen ist sie ja nur noch sehr gering. Es wird auch soviel Lebenskraft verschwendet durch die Form, wie Sexualität gelebt wird auf der Erde. Und es sind so viele Menschen sexsüchtig. Das Symbol kann vielen Menschen helfen, denn die Süchte machen das Herzchakra zu, egal, welche Sucht es ist.

Dieses Symbol bringt euch wieder in Kontakt mit der Urkraft, mit eurer Lebenskraft. Und es geht um ein ganz bestimmtes Organ in eurem Körper, um die Niere, denn in der Niere sitzt eure Lebenskraft. Und da ist es wichtig, diese Kraft zu erhöhen und zu aktivieren. Es ist ein Symbol, das die Energie aus allen Ebenen kanalisiert und das ist wichtig. Die Energien werden aus der Erde, aus dem Kosmos, aus der Seelenebene und aus der göttlichen Ebene kanalisiert. Und dadurch brauchen auch eure Zellen nicht zu altern und sie können immer die Kraft besitzen, die ihr habt – immer. Und damit bekommt ihr die Energie, eure Kraft zu manifestieren und zu leben. Das wichtigste ist, dass die Nieren voller Energie sind, denn dort sitzt die Lebenskraft. Und wenn du in deiner Lebenskraft bist, wenn du die Lebenskraft wieder aufgetankt hast, kannst du die Energie überall hinfließen lassen. Ins 4. Chakra. Das 4. Chakra ist die Mitte der körperlichen Chakren.

Mit diesem Symbol kannst du sie wieder aktivieren – die Lebenskraft. Und damit natürlich auf der organischen Ebene die Nieren. Jedes Organ könnt ihr damit aufladen – jedes Organ. Denn nur dann kannst du auch dein Herz leben, wenn du richtig voll bist mit der Lebensenergie – erst dann kannst du dein Herz leben.

Anwendungshinweis:

Du kannst es in die Mitte auf dein Herzchakra legen und die Energie lenkt sich dann selbst.

Die Heilschwingungszahl ist: 8 7 3

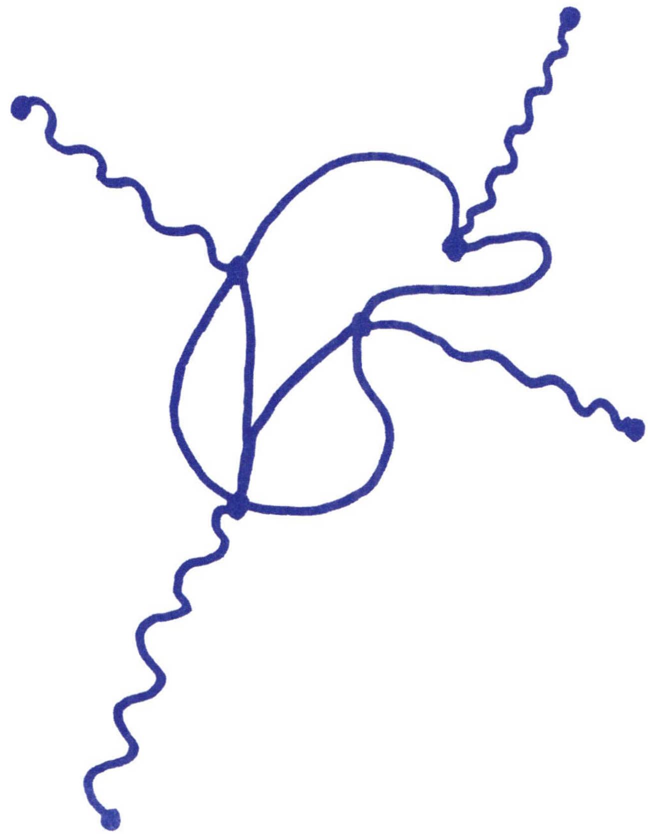

AMRILA

Heilschwingungszahl: 873

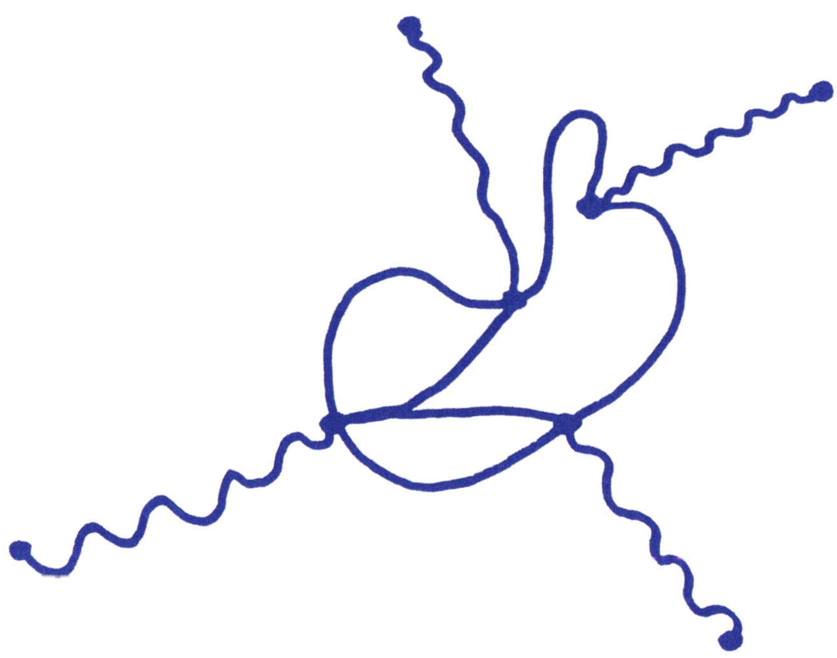

Das Mantra für die 5. Erdschicht

AMYAKA

bedeutet: „Die Kraft in Freiheit zu leben"

Dieses Mantra gleicht aus. Es löst ungeklärte, ungelöste Kommunikation und es stärkt.

Es hilft euch, Klarheit in der Kommunikation zu finden. In der Kommunikation mit euren Chakren und was ihr dadurch wahrnehmt. Es hilft euch auch, Emotionen zum Ausdruck zu bringen.

Ihr könnt nur wirklich kommunizieren in der Klarheit eures Herzens, wenn alle Ängste gegangen sind. Und deshalb ist es wichtig, diesen Mut zu bekommen, Dinge in der Kommunikation umzusetzen. Es ist nicht nur die stimmliche Kommunikation damit gemeint. Es geht um den Ausdruck in Kunst, in Musik, in Tanz, in Bewegung, wirklich euch euren Ausdruck zu verschaffen und zu geben. Es geht um die Überwindung der Vergangenheit, der Ängste, die euch daran gehindert haben.

Das Mantra AMYAKA öffnet alle Ebenen des Ausdrucks.

Die Farbe des Mantras und der 5. Erdschicht ist ein warmleuchtendes Gelb.

Der dazugehörige Kristall ist der Sonnenstein.

Das Symbol für die 5. Erdschicht

Das fünfte Symbol dient der energetischen Reinigung. Es löst Energiestaus, z.B. bei Entzündungen oder Schmerz auf. Eine Überenergie im Körper wird durch dieses Symbol verteilt, denn diese existiert wegen eines Kommunikationsstaus. Wenn irgendwo ein Stau ist, können die Zellen nicht mehr miteinander kommunizieren.

Wenn ihr von euren Energien her ausgeglichen seid, seid ihr auch gleichzeitig geschützt. Und wenn kein Energiestau mehr da ist, könnt ihr viel leichter leben. Alles kommt in Fluss.

Es dient der Kommunikation auf allen Ebenen und in alle Ebenen.

In der Mitte des Symbols, das seid ihr – jedes Lebewesen. Die Punkte außen sind die verschiedenen Ebenen, mit denen ihr kommunizieren könnt. Mit der geistigen Welt, mit den Elementen, mit den Seelenländern, mit Gott, mit dreizehn anderen Planeten und vor allem mit euch selbst.

Anwendungshinweis:

Im ersten Schritt, wenn sich der Energiestau löst, kann es dich durch den Fluss der „neuen" Energie unruhig machen.

Probiert es aus, mit euren Organen mit Hilfe dieses Symbols zu kommunizieren.

Die Heilungsschwingungszahl ist: 9 6 3

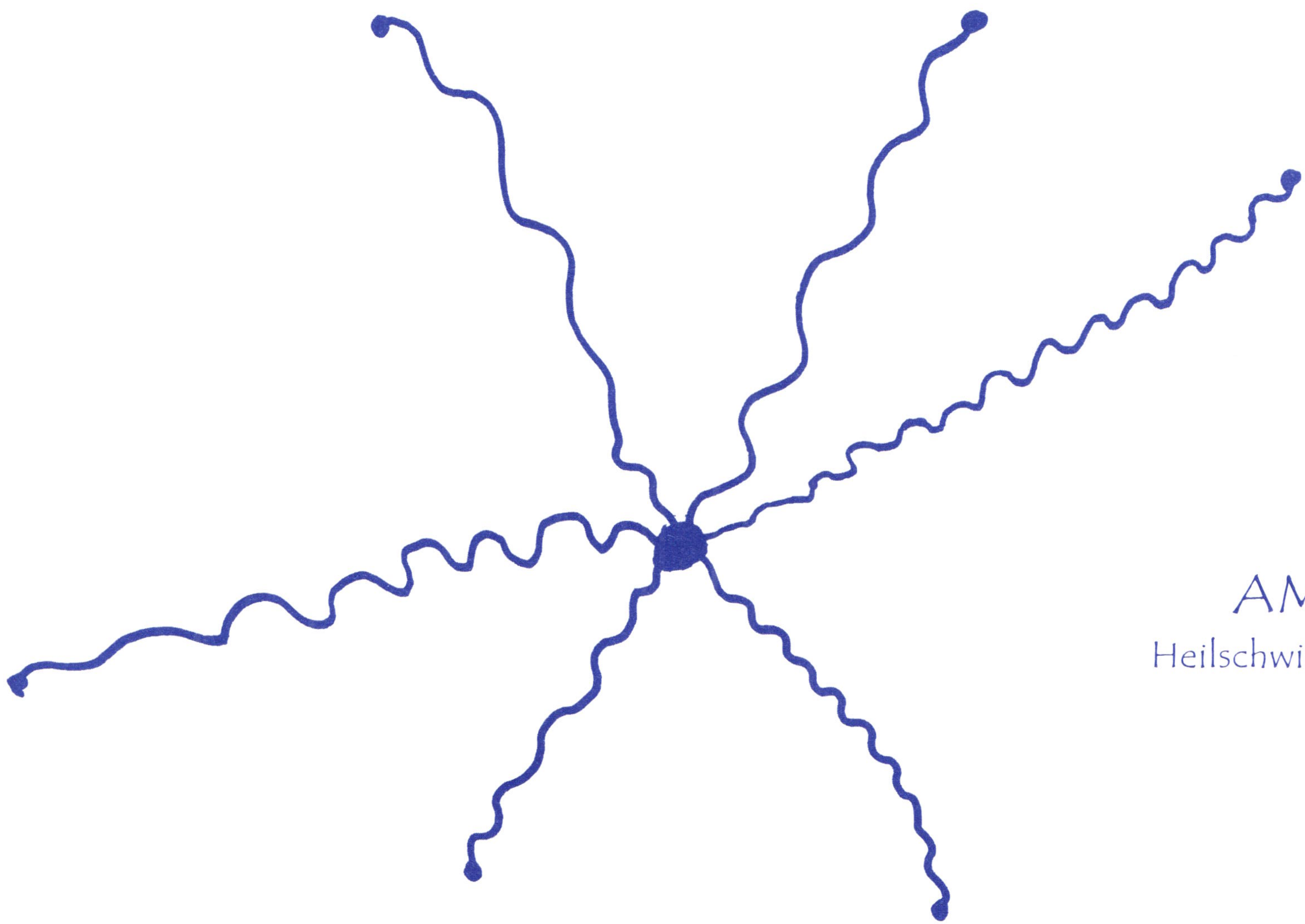

AMYAKA

Heilschwingungszahl: 963

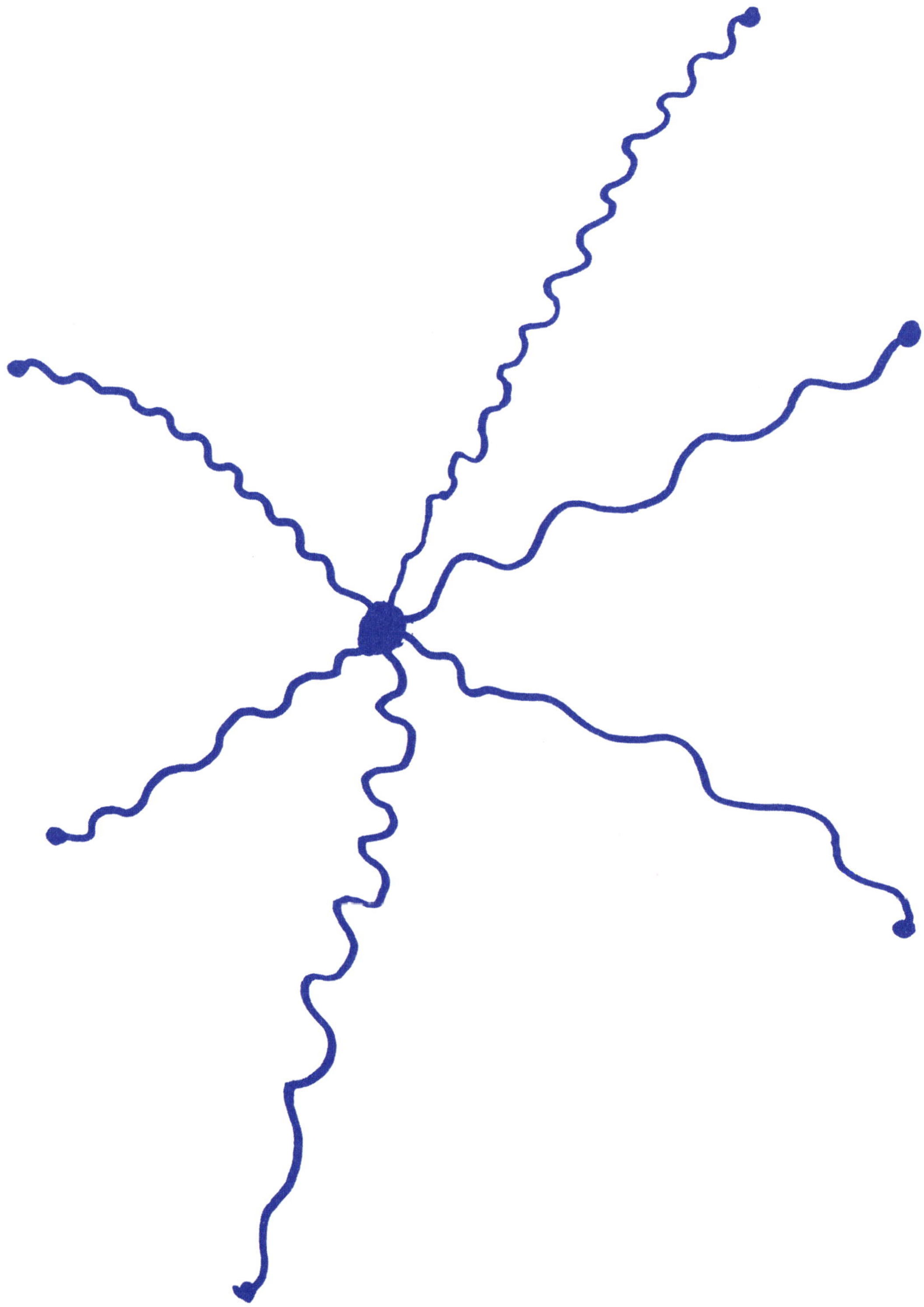

Das Mantra für die 6. Erdschicht

SVAHAYA

bedeutet: „Lichtvolle Kreativität"

SVAHAYA stärkt und reinigt euer 6. Chakra.

Das Mantra wirkt ausgleichend und heilend und macht euch frei. Es bringt Klarheit. Es klärt das dritte Auge. Es hilft euch, eure Kraft aus eurem dritten Auge zu bündeln, so dass diese Kraft nicht verstreut, sondern gebündelt auf das Leben gerichtet ist.

Wenn ihr den Fokus eures dritten Auges auf das Leben richtet, seid ihr eurer eigener Kreator eures Lebens.

Das Mantra SVAHAYA hilft auch bei der Sehschwäche, die im Kollektivbewusstsein der Erde und bei euch aktiviert ist.

Das Mantra kann auch bei Ohrgeräuschen eingesetzt werden. Kosmische Gesänge können ganz anders wahrgenommen werden, so dass Tinnitus sich verabschieden kann.

Anwendungshinweis:

Um Visionen zu manifestieren, ist es sehr wichtig, das 6. Chakra zu aktivieren. Und wenn ihr eine Vision habt, dann schreibt die Vision auf und legt diese auf das aufgeschriebene Mantra von der sechsten Schicht.

Das Mantra und die 6. Erdschicht haben die Farbe Königsblau.

Der dazugehörige Edelstein ist der Lapislazuli.

Das Symbol für die 6. Erdschicht

Das Symbol bringt Ruhe in eure Zellen, Leichtigkeit und Weite und es hilft, innere Prozesse und Ursachen zu erkennen, sich anzuschauen und das Alte zu transformieren.

Es hilft euch, die Wahrheit zu sehen.

Es ist ein Symbol des Göttlichen. Es löscht die Ängste, wirklich zu sehen. Und es löscht die Ängste, wirklich zu fühlen. Es löscht die Angst vor der Tiefe. Es macht euch weit – nicht eng. Es löst Ängste auf, die viele Menschen haben, wenn sie einschlafen und in den Ruhezustand gehen. Davor haben viele Menschen Angst. Und das löst die Ängste wirklich auf.

Es bedeutet Leichtigkeit, kosmische Leichtigkeit und kosmische Weite. Überall dort, wo es Leichtigkeit und Weite braucht. Und das braucht es in jedem Organ, wo ihr die Resonanz habt.

Anwendungshinweis:

Achtet darauf, dass dieses Symbol richtig herum angewendet wird (s. Symbol).

Ihr könnt darüber meditieren. Wenn ihr mit dem dritten Auge Kontakt mit dem Symbol aufnehmt, gibt es euch einen Strahl aus dem Mittelpunkt des Symbols. Er geht direkt in euer drittes Auge und öffnet es.

Die Heilschwingungszahl ist: 2 7 9

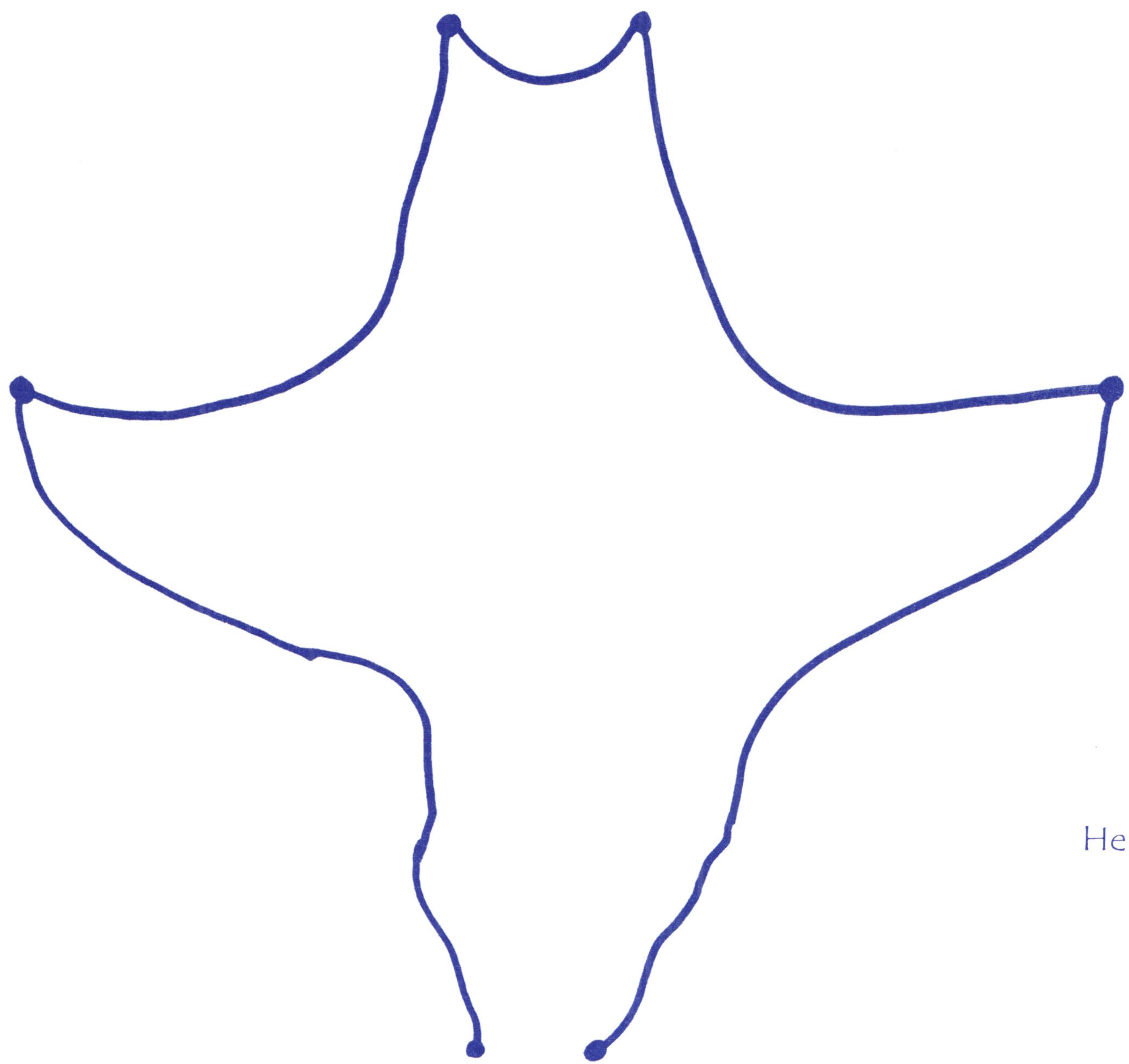

SVAHAYA

Heilschwingungszahl: 279

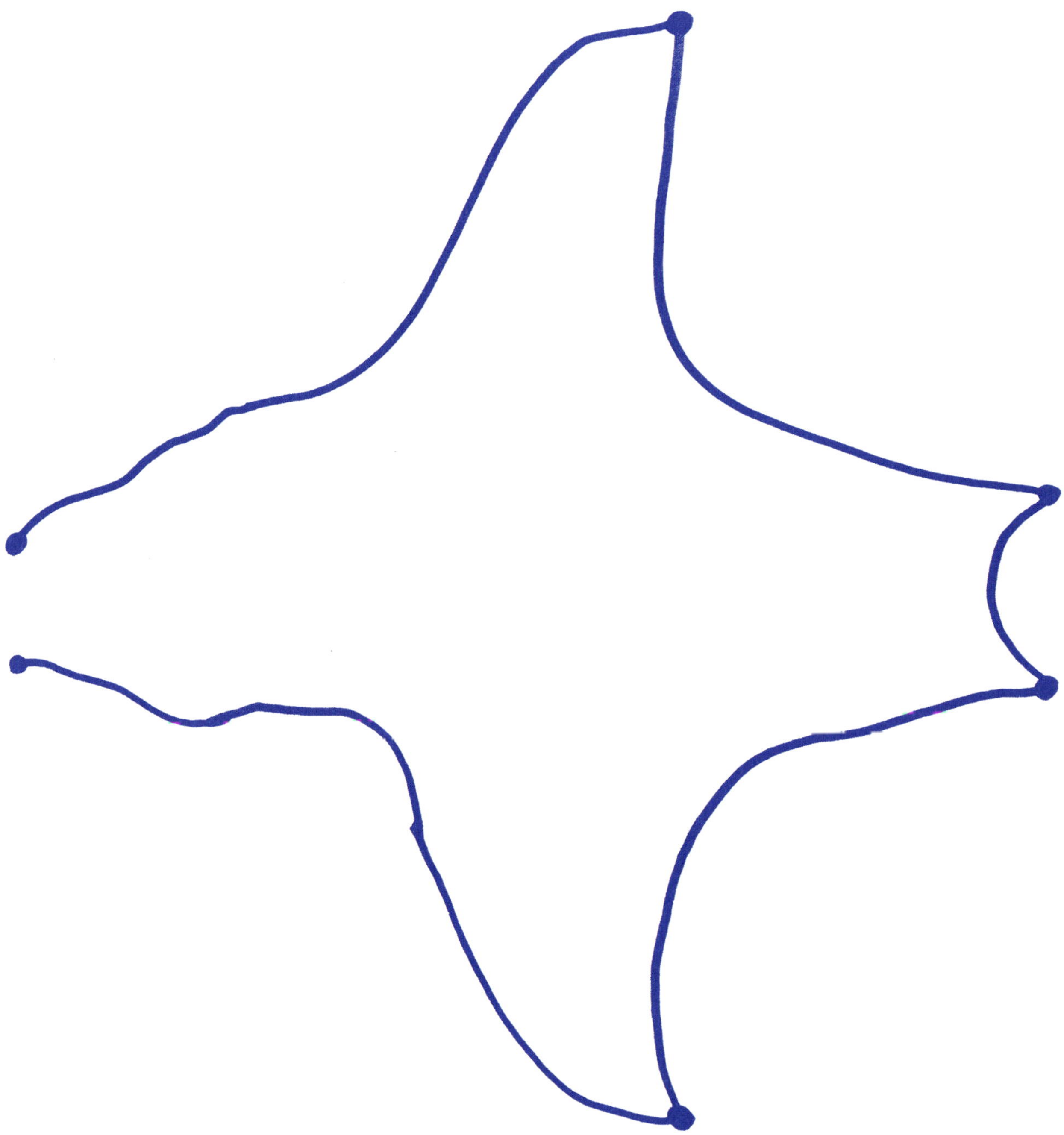

Das Mantra für die 7. Erdschicht

VARILA

bedeutet: „Erkennen des Seins"

VARILA stärkt, reinigt und öffnet euer 7. Chakra

Mit diesem Mantra könnt ihr Kontakt aufnehmen mit der Natur. Mit den Wesen, die in den Bäumen leben, in den Blumen und Pflanzen. Es hilft euch, mit ihnen zu kommunizieren. Es bringt euch in Kontakt mit dem, was die Pflanze fühlt, was sie euch geben will. Und was ihr der Natur geben dürft.

Ihr könnt damit viel mehr von der Heilkraft der Pflanzen erfahren. Wenn ihr das Mantra zusammen mit Heilkräutern verwendet, kann die Heilwirkung der Kräuter sehr viel stärker sein.

VARILA kann viele Plätze, an denen Bäume sterben oder abgeholzt werden, wieder zum Leben aktivieren. Es löst den Schock von den Wäldern und Bäumen auf, den sie durch die Abholzung erfahren. Böden, auf denen Bäume und Pflanzen durch die Verunreinigung der Erde sterben, können wieder mit Licht durchflutet werden.

Die Farbe des Mantras und der 7. Erdschicht ist ein kräftiges Dunkel-Lila.

Der dazugehörige Kristall ist der Achat.

Das Symbol für die 7. Erdschicht

Es ist ein Symbol, um Frieden zu schließen, mit Menschen, eurem Körper oder euren Organen, um Schuld in Liebe zu transformieren und um das Licht zu manifestieren. Immer noch haben sehr viele Menschen untereinander Streit. Sie haben ihre Herzen füreinander verschlossen. Mit dem Symbol könnt ihr eure Herzen wieder füreinander öffnen und Frieden schließen. Das Symbol löst auf, was aufgelöst werden soll. Und dieses Symbol ist so aufgebaut, dass ihr die Bilder der Menschen, die miteinander etwas auflösen wollen – es aber nicht können – hineinlegen könnt.

Anwendungshinweise:

Ihr könnt euer eigenes Bild auf den rechten Punkt legen und das Bild von einem Menschen, mit dem ihr Frieden schließen wollt, auf den linken Punkt. Das könnt ihr für andere Menschen tun und vor allem für euch selbst.

Wenn ihr kein Photo habt, könnt ihr auch den Namen der Person aufschreiben.

Das Symbol könnt ihr auch verwenden, wenn ihr mit jemanden Frieden schließen möchtet, der inzwischen verstorben ist.

Ihr könnt das Symbol auch für Pflanzen und Tiere oder für eure Organe verwenden, oder für bereits verstorbene Menschen.

Das Einverständnis der Personen braucht ihr für die Arbeit mit dem Symbol der 7. Erdschicht nicht.

Ihr könnt auch zum Beispiel ein Papier mit der Aufschrift „Waldarbeiter" auf den linken Punkt des Symbols legen und auf den rechten Punkt ein Papier mit der Aufschrift „Regenwald". Oder ihr legt auf die eine Seite eine Notiz mit der Aufschrift „Flugzeuge" und auf die andere Seite eine Notiz mit der Aufschrift „Luft" und „Erde".

Die Heilschwingungszahl ist: 5 4 9

VARILA

Heilschwingungszahl: 549

Das Mantra für die 8. Erdschicht

ASHANA

bedeutet: „Die Entstehung von Klarheit durch Liebe"

Das Mantra ASHANA gleicht die rechte und linke Gehirnhälfte aus und somit auch die rechte und linke Körperhälfte und die Aura. Und wenn ihr ausgeglichene Gehirnhälften habt, dann lösen sich Allergien und Krankheiten. Denn viele Krankheiten entstehen, weil die zwei Gehirnhälften voneinander getrennt sind.

Durch die ausgeglichenen Gehirnhälften werdet ihr ein ganz anderes Körperbewusstsein haben. Eure Bewegungen, euer Denken und Handeln verändern sich.

Alle Mantren, die Erzengel Michael euch jetzt gibt, wirken auf euer Chakrensystem. Die Chakren 1 bis 7 sind eure körperlichen Chakren. Das 8. Chakra ist nicht mehr innerhalb eures Körpers. Und durch dieses Mantra baut ihr den Kontakt auf, zwischen eurem 8. Chakra und der 8. Schicht des Erdmittelpunktes. Eure körperlichen Chakren waren schon immer mit den Erdschichten verbunden. Doch jetzt könnt ihr durch die Mantren auch eure außerkörperlichen Chakren mit den Erdschichten verbinden. Und das war bisher nicht möglich. Das Mantra ASHANA ermöglicht euch, euch tiefer mit euren außerkörperlichen Chakren und den Erdschichten zu verbinden.

Anwendungshinweis:

Wenn ihr das Mantra chantet, beruhigen sich eure Gedanken.

Die Farbe des Mantras und der 8. Erdschicht ist ein ganz helles Türkis, in Richtung Weißblau gehend.

Der dazugehörige Edelstein ist ein ganz heller Türkis.

Das Symbol für die 8. Erdschicht

Dieses Symbol steht für die Achtsamkeit und die Einfachheit im Herzen. Es zentriert euch.

In der Einfachheit ist die Liebe, in der Einfachheit ist die Kraft, in der Einfachheit ist das Herz.

Und diese Symbole und Mantren sollen euch immer mehr zu euch selbst bringen, zu eurer Kraft, zu eurer Vision.

Freiheit kann nur existieren, wenn ihr sie mit dem Herzen lebt, wenn ihr aus eurer Präsenz heraus lebt, aus der Liebe. Und diese Präsenz kann nur geschehen, wenn ihr achtsam seid, achtsam zu euch selbst. Achtsam zur Erde und achtsam in allem, was ihr tut.

Wenn ihr euer Herz lebt, lebt ihr achtsam. Und dieses Symbol bringt euch dorthin, wo ihr herkommt; in die göttliche Achtsamkeit zu euch. Und die Achtsamkeit zu euch selbst könnt ihr nur im Herzen finden, in eurem Herzen. Dort, wo eure Einheit ist, und die ist im Herzen.

Der rechte obere Teil des Symbols ist der Kosmos, der linke untere Teil die Erde. Und die Einheit von beiden dringt in euch ein und bringt Achtsamkeit und damit Frieden. Achtsamkeit ist da, wenn die Verbindung zwischen dem Kosmos und der Erde wirklich gelebt wird.

Es hilft euch, in der Achtsamkeit zu leben und aus dieser Kraft und Stille heraus handeln. Das Symbol zur 8. Erdschicht bringt euch durch die Achtsamkeit in eure Kraft zurück. Das ist es, was euch dieses Symbol bewusst macht. Ihr gebt euch hin, euch selbst und der Stille. Und lasst es wirklich geschehen, lebt eure Kraft aus der Achtsamkeit. Aus der Schönheit und aus der Kommunikation der Herzen entsteht die Achtsamkeit.

Anwendungshinweis:

Dieses Symbol ist besonders wichtig bei allen entzündlichen Prozessen im Gehirn (z.B. bei einem Tumor, bei Krebs, wenn der Liquor nicht abfließen kann, bei Hirnhautentzündung) und bei allen hormonellen Störungen im gesamten Körper.

Die Heilschwingungszahl ist: 3 4 2

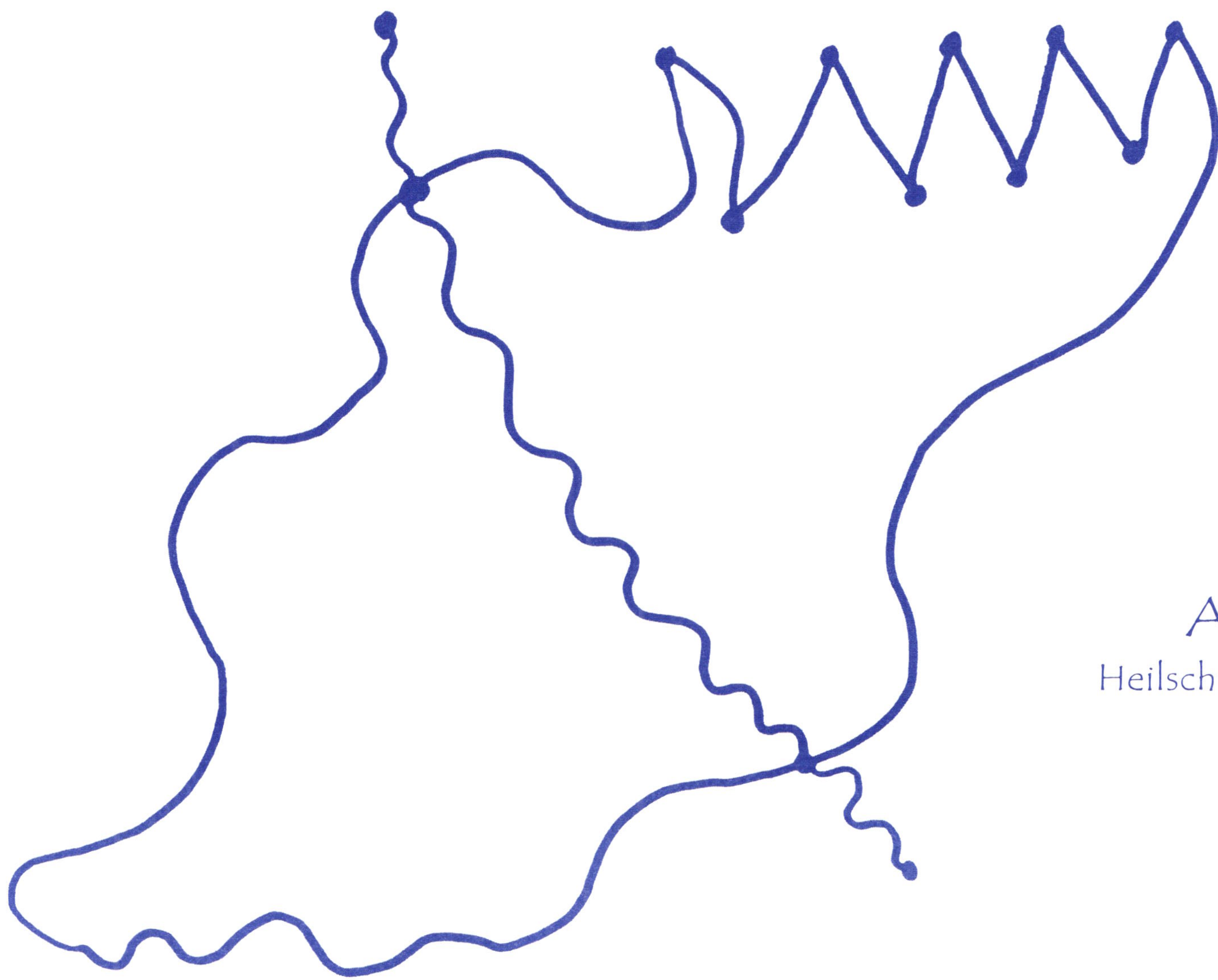

ASHANA

Heilschwingungszahl: 342

Das Mantra für die 9. Erdschicht

TALAMA

bedeutet: „Achtsamkeit ist die Bedingung zum Frieden"

TALAMA schützt euch vor negativen Gedanken von anderen Menschen und vor Manipulationen.

Es stärkt und reinigt euer 9. Chakra.

TALAMA, diese Ebene durchschreitet Raum und Zeit. Es hilft euch bei der Begegnung mit Menschen – außerhalb von Raum und Zeit. Das fordert von euch eine große Achtsamkeit für diese Begegnung. Es bringt euch in eine Dimension der Zeitlosigkeit.

Ihr könnt ganz präsent hier sein und ihr könnt mit eurem Bewusstsein in die Schichten der Erde reisen, aber auch mit Menschen in Kontakt treten.

Anwendungshinweis:

Es ist es wichtig, das Mantra nicht manipulativ zu nutzen, z.B. um Informationen von anderen Menschen abzurufen, denn dann verliert es sofort seine Kraft. (Manipulativ nutzen heißt, es nicht in Selbstlosigkeit zu nutzen.)

Ihr könnt mit diesem Mantra auch mit Menschen kommunizieren, die im Koma leben. Denn Menschen, die im Koma leben, sind in diesem Bewusstsein jenseits von Raum und Zeit. Sie können in ihrem Körper sein und sie können außerhalb ihres Körpers sein.

Auch in der Kommunikation mit Autisten und generell Menschen, die nicht in der üblichen Form auf der Erde kommunizieren, ist das Mantra hilfreich.

Die Farbe des Mantras und der 9. Erdschicht ist Himmelblau.

Der dazugehörige Edelstein ist der Larimar.

Das Symbol für die 9. Erdschicht

Dieses Symbol bringt euch auf die Erde: aus dem Mutterbauch heraus, um ganz auf der Erde anzukommen. Es bringt euch mit all euren Seelenanteilen auf die Erde. Denn oft bleiben Seelenanteile im Mutterbauch stecken.

Es löst Ängste bei Frauen auf, die abgetrieben haben.

Dieses Symbol ist für das Leben, für das Leben in Liebe. Wenn ein Wesen neu entsteht im Mutterbauch, braucht es unendlich viel Kraft, dass sich die Seele im Körper manifestiert. Und dieses Symbol erleichtert der Seele den Übergang aus der feinstofflichen Welt in die Materie und ermöglicht ihr, leicht auf die Erde zu kommen. Dieses Symbol ist sehr gut bei schwangeren Frauen einzusetzen.

Stille breitet sich mit dem Symbol in euren Zellen aus. Und dieses Symbol bringt euch die unendliche Stille – dort wo ihr alle herkommt – aus dieser unendlichen Stille, aus diesem Bewusstsein der Stille.

Nutzt dieses wundervolle Symbol, um aufzuwachen auf der Erde, um die Schönheit des Lebens zu erfahren und die Prozesse zu beschleunigen. Nutzt diese Kraft.

Wenn du neu geboren werden willst, dann ist es ein Prozessbeschleuniger.

Die Heilschwingungszahl ist: 2 6 1

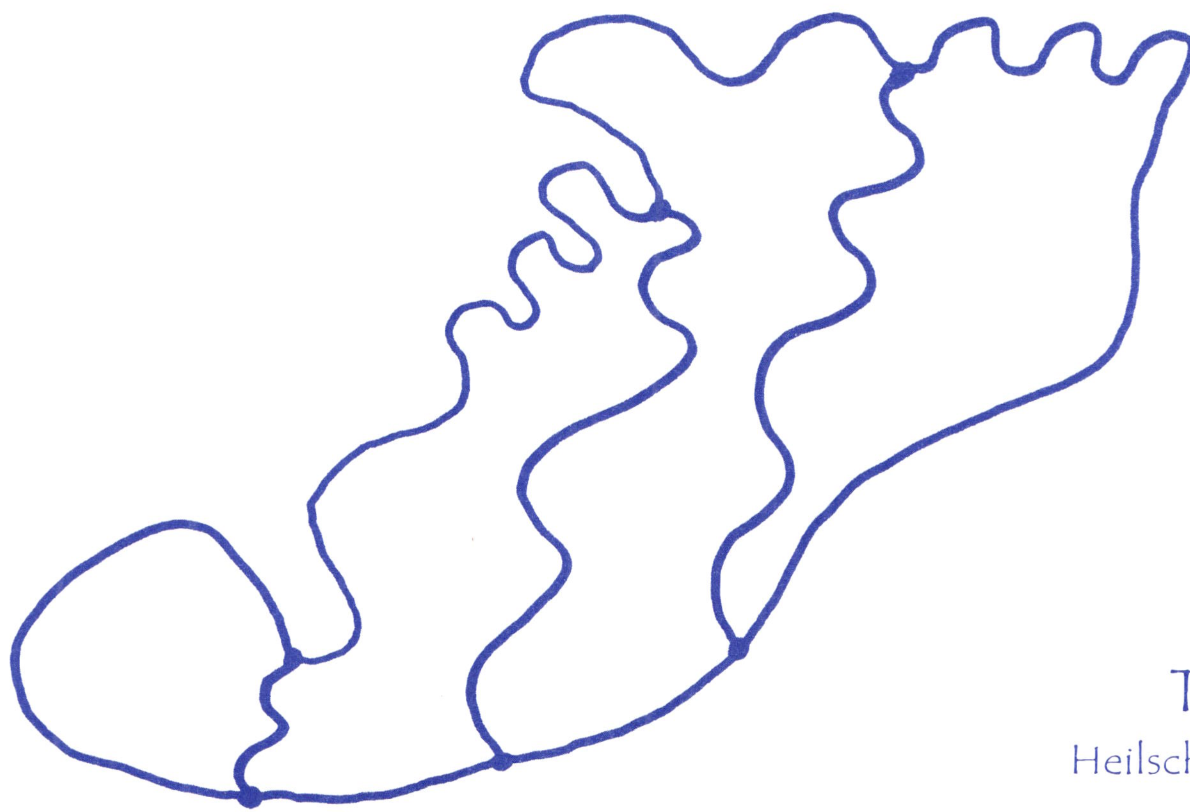

TALAMA

Heilschwingungszahl: 261

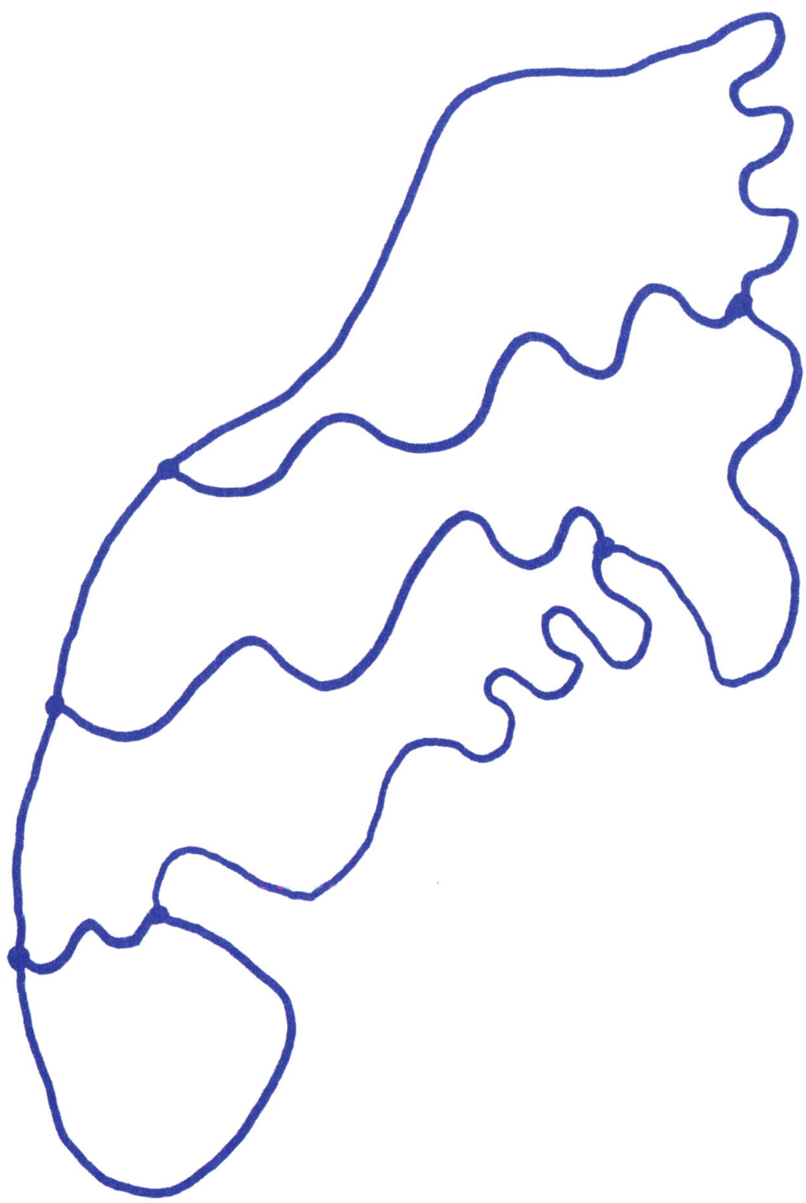

Das Mantra für die 10. Erdschicht

MALIKA

bedeutet: „Liebevolles Denken, Fühlen und Handeln"

MALIKA stärkt, reinigt und harmonisiert euer 10. Chakra.

MALIKA hilft euch, die Vergangenheit loszulassen. Die Vergangenheit bedeutet das Alte, aus diesem jetzigen Leben und aus den Leben zuvor. In Situationen, in denen ihr Verhaltensweisen der Vergangenheit verändern wollt, könnt ihr dieses Mantra nutzen. Es hilft euch, loszulassen, um die Freiheit zu empfangen. Es löst den Konflikt oder die alte Verletzung auf und es zeigt euch eure unendliche Freiheit.

Anwendungshinweis:

Während eines Streites könnt ihr das Mantra innerlich chanten.

Dieses Mantra und die 10. Erdschicht strahlen in einem ganz tiefen, dunklen Violett.

Der dazugehörige Edelstein ist der weiße Mondstein.

Das Symbol für die 10. Erdschicht

Dieses Symbol ist für die Entgiftung der Zellen und für die Entstörung körperlicher und seelischer Narben einzusetzen.

Es durchflutet die Zellen mit Licht und es aktiviert gleichzeitig dein Chakrensystem in jeder Zelle. Jede Zelle besitzt ein Chakrensystem von 12 Chakren. Die Zelle ist die Verbindung zwischen der Erde und dem Kosmos.

Das Symbol der 10. Erdschicht hilft euch, dass die Zellen wirklich wieder in ihre Kraft kommen, dass die Zellen wirklich wieder zu ihrer Funktion zurückkehren. Mit jedem Gedanken verändern sich alle Zellen, mit jedem Gedanken verändert sich die Zellschwingung. Alles könnt ihr erzeugen mit der Gedankenkraft. Und euer Zellsystem reagiert am stärksten auf eure Gedanken, am allerstärksten. Und dieses Symbol stellt eure Zellen wieder ein in Liebe und es entstört innere und äußere Narben, es macht die Haut wieder glatt.

Die Heilschwingungszahl ist: 117

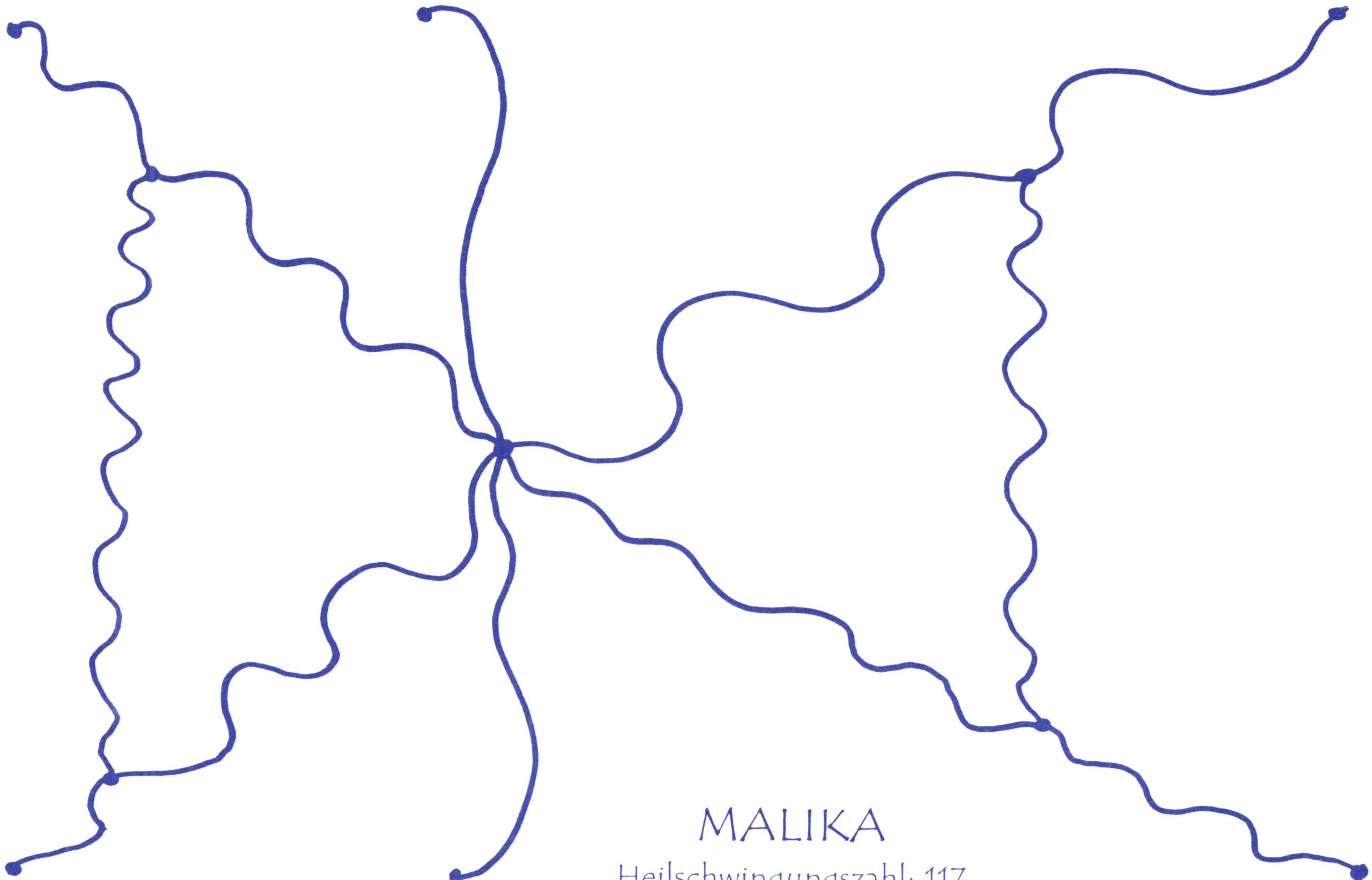

MALIKA

Heilschwingungszahl: 117

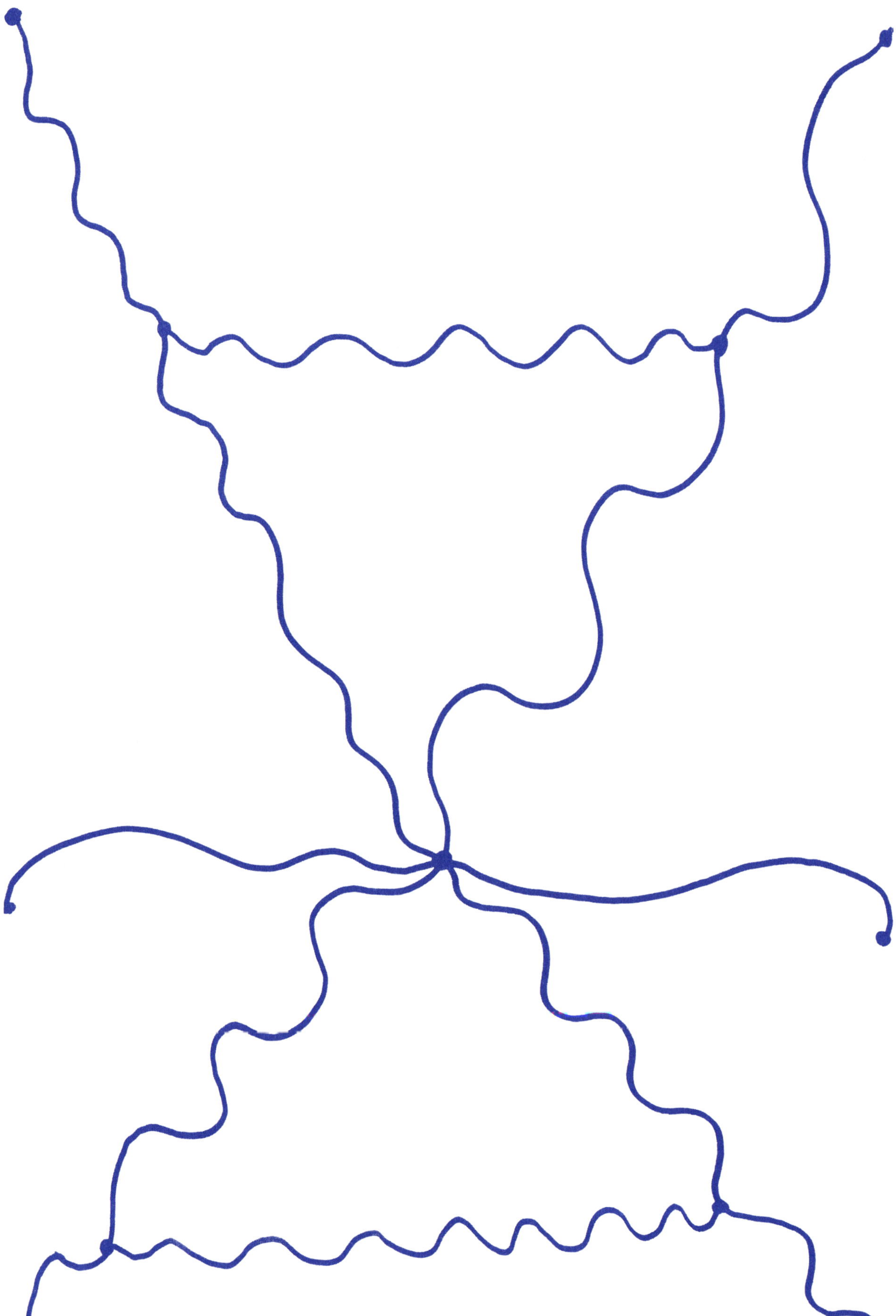

Das Mantra für die 11. Erdschicht

TAYANA

bedeutet: „Achtsames Leben ist die Bedingung, um jedes Lebewesen zu lieben"

TAYANA reinigt und stärkt eure DNA, es geht auf eure Gene, auf eure Ursubstanz. Eure DNA ist die Verbindung zur Familie und diese Verbindungen werden gereinigt.

Deine DNA bringt viele Schichten mit – aus deiner Familie, von deinem Vater, von deiner Mutter. Ihr habt viele Krankheiten, weil in eurer DNA eine Schädigung ist. Und mit dem Mantra könnt ihr diese Schädigungen auflösen. Auch Neurodermitis z.B. ist eine Schädigung der DNA. Jede Störung in eurem Körper ist gleichzeitig eine Störung eurer DNA. Ihr habt Schwachpunkte, schwächende Energien in der DNA-Struktur, und diese schwächenden Energien lassen es dazu kommen, dass diese Zustände von Krankheiten ausbrechen. Doch das bedeutet nicht: Wenn deine Mutter oder dein Vater Darmkrebs hatte, dass du ihn dann auch bekommst. Es sind schwächende Energien in der DNA deines Darms, und die kann man mit diesem Mantra auflösen.

TAYANA reinigt und stärkt euer 11. Chakra.

Anwendungshinweis:

Wenn ihr dieses Mantra nutzt, werdet ihr euch dessen bewusst, was aufgelöst wurde. Ihr werdet es körperlich spüren.

Die Farbe des Mantras und der 11. Erdschicht ist ein dunkles Rot.

Der dazugehörige Edelstein ist der Herkimerdiamant.

Das Symbol für die 11. Erdschicht

Das 11. Symbol öffnet und reinigt die energetischen Kanäle: die Wirbelsäule, die Meridiane und die Kundalini für die feinstoffliche, geistige Welt.

Es führt euch aus der Polarität und bringt unendliche Leichtigkeit in euer Leben.

Das Symbol der 11. Erdschicht reinigt, öffnet und klärt eure Körper für die göttliche Energie, es verhilft euch, viel mehr über euch und von uns wahrzunehmen, vielmehr Energien zu spüren. Es verfeinert eure Antennen, eure Kanäle.

Dass jeder jedem dient, das ist das Allerwichtigste. Nur so kommt ihr aus der Polarität.

Die Heilschwingungszahl ist: 5 3 4

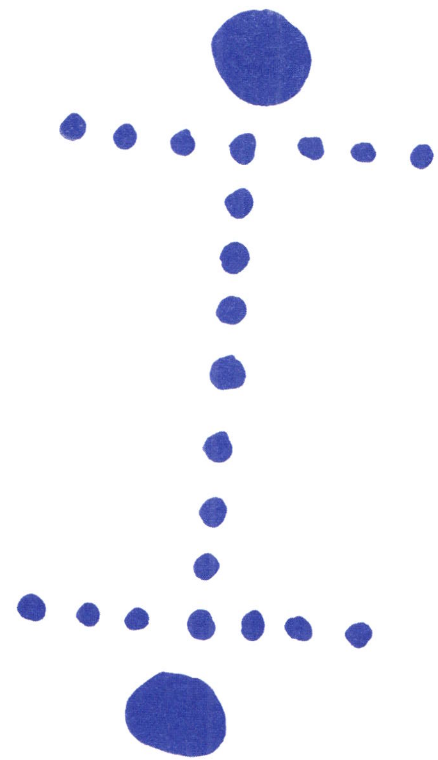

TAYANA

Heilschwingungszahl: 534

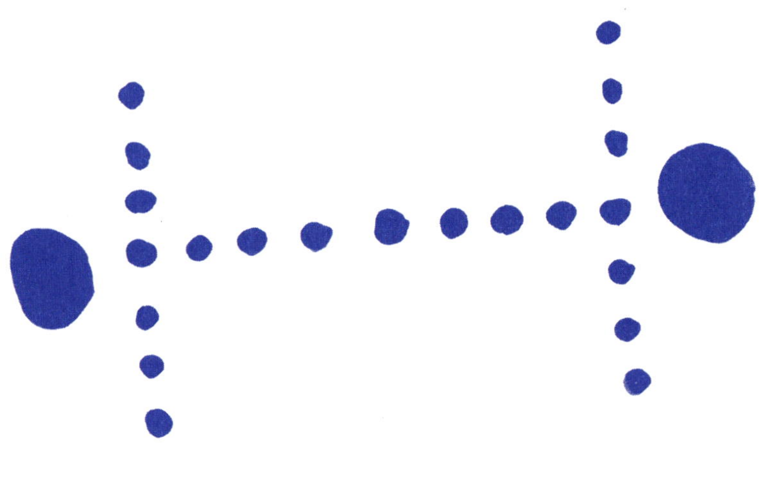

Das Mantra für die 12. Erdschicht

MAYAKA

bedeutet: „Die Vision des Lebens ist die Liebe"

MAYAKA stärkt und reinigt euer 12. Chakra.

MAYAKA löst Ängste und Denkblockaden auf. Wenn ihr Ängste und Denkblockaden habt, könnt ihr gar nicht euren eigenen Weg gehen. Die größten Ängste, die ihr habt, sind die Ängste vor euch selbst und das bedeutet, die Ängste vor eurer Liebe. Wann immer ihr Ängste loslasst auf der Erde, verändert sich euer Denken, euer Handeln und eure Kommunikation.

MAYAKA hilft euch bei Schlaflosigkeit. Wenn ihr durch nicht aufhörendes Denken keine Ruhe findet, dann könnt ihr das Mantra einsetzen.

MAYAKA zeigt euch eure Göttlichkeit, euer Bewusstsein zum Göttlichen, und es bringt euch in eure unendliche Liebe und Kraft.

Diese Liebe, die ihr euch schenkt, könnt ihr allen anderen schenken. Und die zwölfte Erdschicht ist die Schicht der göttlichen Gnade und der göttlichen Liebe. Traut euch, eure eigene Göttlichkeit zu leben.

Die Farbe für dieses Mantra und die 12. Erdschicht ist Silber.

Der dazugehörige Edelstein ist der Pyrit.

Das Symbol für die 12. Erdschicht

Dieses Symbol gleicht eure Gehirnzellen und Gehirnhälften aus. Bei so vielen Menschen sind die Gehirnhälften unterbrochen. Dies kann z.B. zu Koordinationsstörungen, Sprachstörungen oder Aufmerksamkeitsdefiziten führen.

Es ist wichtig für organische Schäden, z.B. bei Alzheimer und Demenz.

Das Symbol hilft auch bei Depressionen, denn Depression ist immer eine Gehirnstörung und eine Hormonstörung.

Es aktiviert den Bereich des Gehirns, der zuständig ist für das Hören, das Sehen und das Fühlen.

Es hilft, dass ein neues Bewusstsein vom Gehirn her gelebt werden kann. Dass ihr anders denken könnt, nicht nur begrenzt und beschränkt, sondern, dass ihr den ganzen Kosmos erfahrt, denn ihr nutzt augenblicklich nur einen sehr geringen Teil eures Gehirns.

Alle Krankheiten entstehen eigentlich dort im Gehirn. Und alle Krankheiten werden über die Hormone in die Organe gebracht.

Euer Gehirn ist Gefühl. Euer Gehirn ist keine Trennung vom Gefühl. Das ist das Allerwichtigste. Die Organe sind nicht getrennt vom Gehirn und sind nicht getrennt vom Gefühl. Jedes Organ fühlt alles von euch, alles. Alle Hormonsteuerungen und organischen Steuerungen finden im Gehirn statt. Und das wird ausgeglichen, wenn z.B. irgendwelche Störungen in der Hypophyse sind, wenn irgendwelche Störungen in der Niere sind oder im Verdauungstrakt, kann man diese über dieses Symbol im Gehirn ausgleichen.

Es kann sich auch neue Gehirnmasse bilden, wenn der Betroffene es will und die Bereitschaft da ist, das Leben zu ändern. Dann ist Heilung möglich. Macht euch frei, wirklich euer Potenzial des Gehirns zu leben, zu erforschen, zu kreieren.

Die Heilschwingungszahl ist: 3 0 9

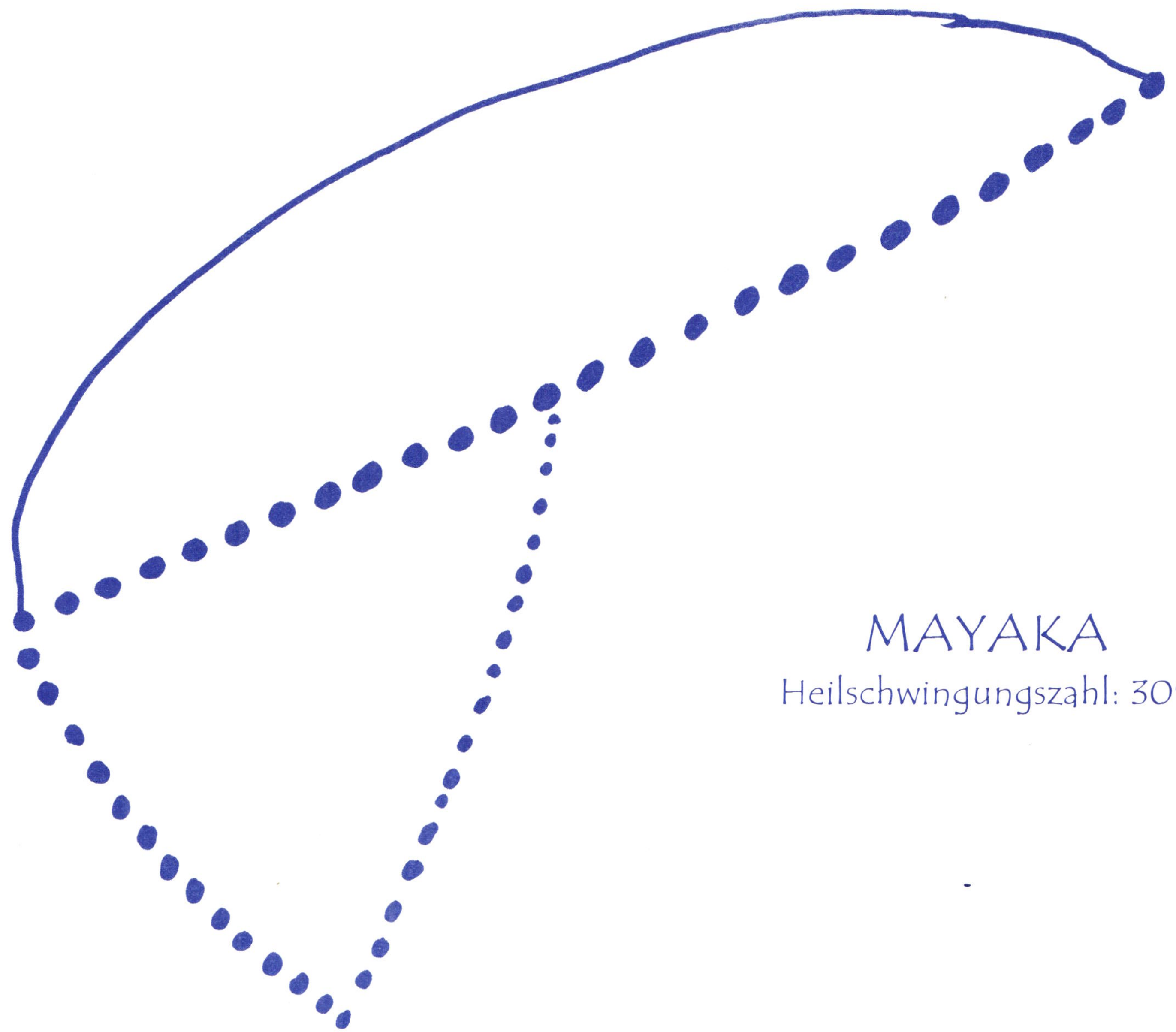

MAYAKA

Heilschwingungszahl: 309

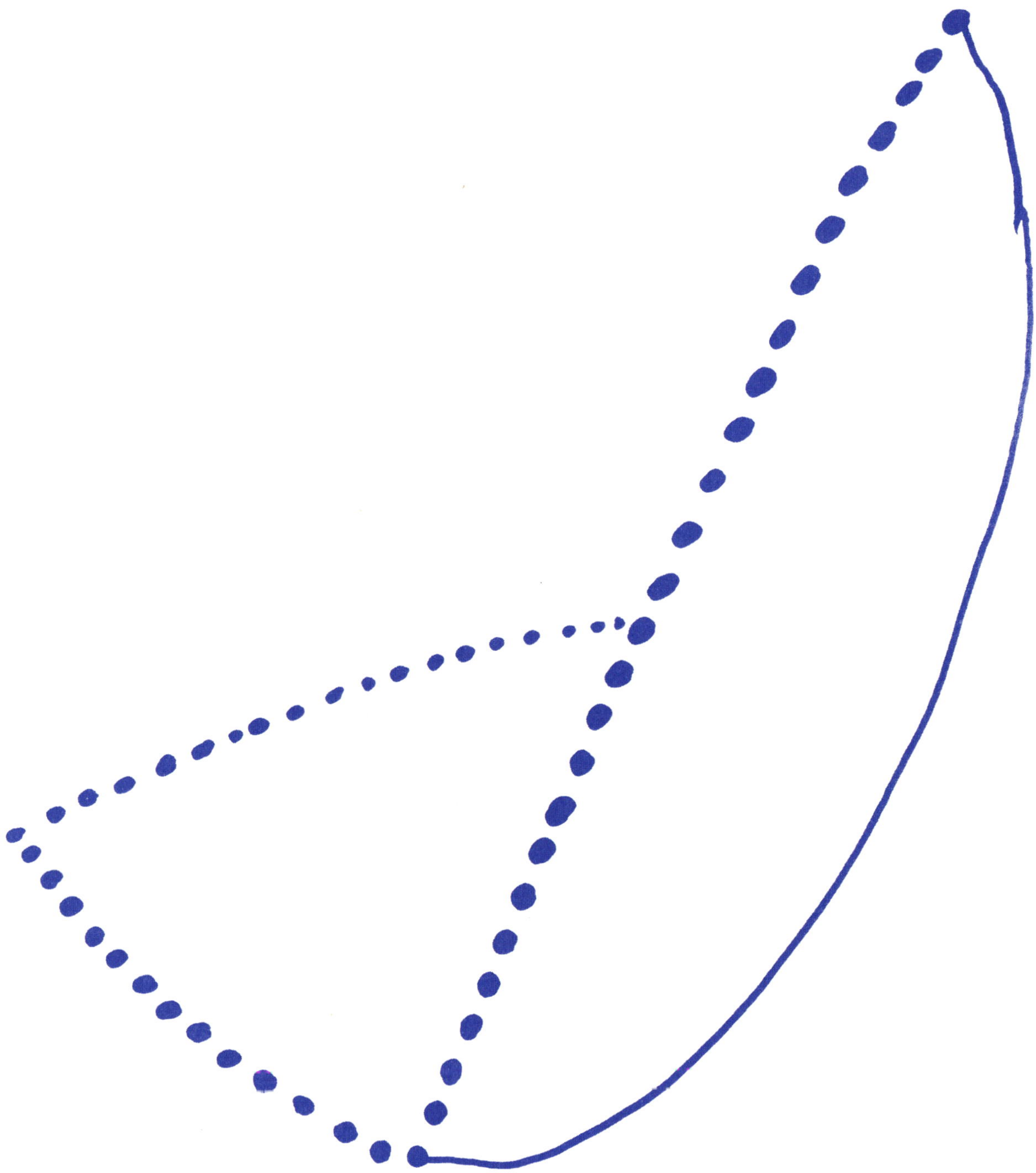

Das Mantra für die 13. Erdschicht

SAIKALA

bedeutet: „Die Einheit zwischen Herz und Verstand"

Das Mantra SAIKALA stärkt und reinigt euer 13. Chakra.

Ihr könnt das Mantra SAIKALA anwenden, wenn ihr Menschen in eine andere Ebene begleitet. Menschen, die austreten wollen aus ihrem Körper. SAIKALA hilft den Menschen, sich von der Erde zu lösen. Es hilf euch, die Seele ins Licht zu begleiten.

SAIKALA erleichtert die Geburt. Es hilft euch für die Inkarnation und die Exkarnation. Auf der Erde anzukommen und die Erde wieder zu verlassen, denn beides ist eins. Es geht um eure Manifestation, Materialisation und De-Materialisation auf der Erde.

Es kann eine Seele auf die Erde bringen, wenn eine Frau schwanger wird. Bei der Vereinigung von Paaren könnt ihr über dieses Mantra eine Seele einladen.

Es heilt schwere traumatische Geburten. Und durch die Verarbeitung eurer eigenen Geburt löst ihr auch die Angst vor dem Gebären eurer eigenen Kinder.

Um neue Wege zu gehen, braucht ihr die göttliche Kraft. Auch dafür könnt ihr das Mantra SAIKALA benutzen.

SAIKALA verstärkt eure Gedankenkraft – eure Kraft zu materialisieren und euer Gefühl.

Es lässt Zähne wieder heil werden, nachwachsen.

Anwendungshinweis:

Wenn ein Mensch schon länger von der Erde gegangen ist und die Seele den Weg ins Licht nicht gefunden hat, könnt ihr dieses Mantra in das Bild dieses Verstorbenen sprechen, damit die Seele wirklich die Erde verlässt.

Die Farbe des Mantras und der 13. Erdschicht ist Rubinrot, ein tiefes leuchtendes dunkles Rot.

Der dazugehörige Edelstein ist der Rubin.

Das Symbol für die 13. Erdschicht

Das Symbol bringt euch in den Alphazustand. In diesem Zustand, in den euch dieses Symbol bringt, könnt ihr die größte Heilung erfahren, könnt ihr uns viel mehr wahrnehmen. Die Verbindung zur Erde und zum Kosmos. Das Symbol bewirkt die energetische Manifestation des Alphazustandes auf der Erde. Und im Alphazustand können wir euch leichter erreichen, könnt ihr uns viel mehr wahrnehmen.

Jede Heilung über die geistige Welt geschieht im Alphazustand.

Aber auch die Zeugung und der Tod geschehen im Alphazustand. Wenn ihr aus dem Körper austretet, seid ihr im Alphazustand. Die Alphawellen werden in jeder Zelle eures Körpers gespeichert. Ihr lebt 9,5 Monate in diesem Alphazustand im Mutterbauch. Es ist der natürliche Zustand der Zelle.

Durch diesen Alphazustand erfahrt ihr eure Urkraft. Das kann die größte Heilung sein. Doch wenn die Menschen aus diesem Zustand rausgehen und nichts verändern in ihrem Leben, in ihrem Alltag, war es nur ein schöner Effekt, mal etwas gespürt zu haben, wie so viele Menschen immer etwas spüren wollen. Es geht aber um die innere Achtung eines jeden Menschen für das Wissen, das wir euch bringen. Die größte Unterstützung und Verwandlung liegt im Annehmen.

Auch außenstehende Menschen werden dadurch geheilt, dass du im Alphazustand bist. Die Schwingung geht von deiner Aura über in die Schwingung der Zellen von den Menschen, die dich umgeben.

Tiere, Pflanzen und Edelsteine sind immer im Alphazustand.

Anwendungshinweise:

Verbindet euch immer mit eurem 3. Auge mit diesem Symbol, dann könnt ihr ganz anders meditieren, heilen und ihr seid viel leichter in der Einheit.

Um weiter in der Welt leben zu können ist es wichtig, nach der Meditation aus dem Alphazustand auszutreten. Dazu könnt ihr euch die Ohrläppchen drücken. Dies holt euch aus dem Alphazustand wieder zurück.

Die Heilschwingungszahl ist: 0 0 0

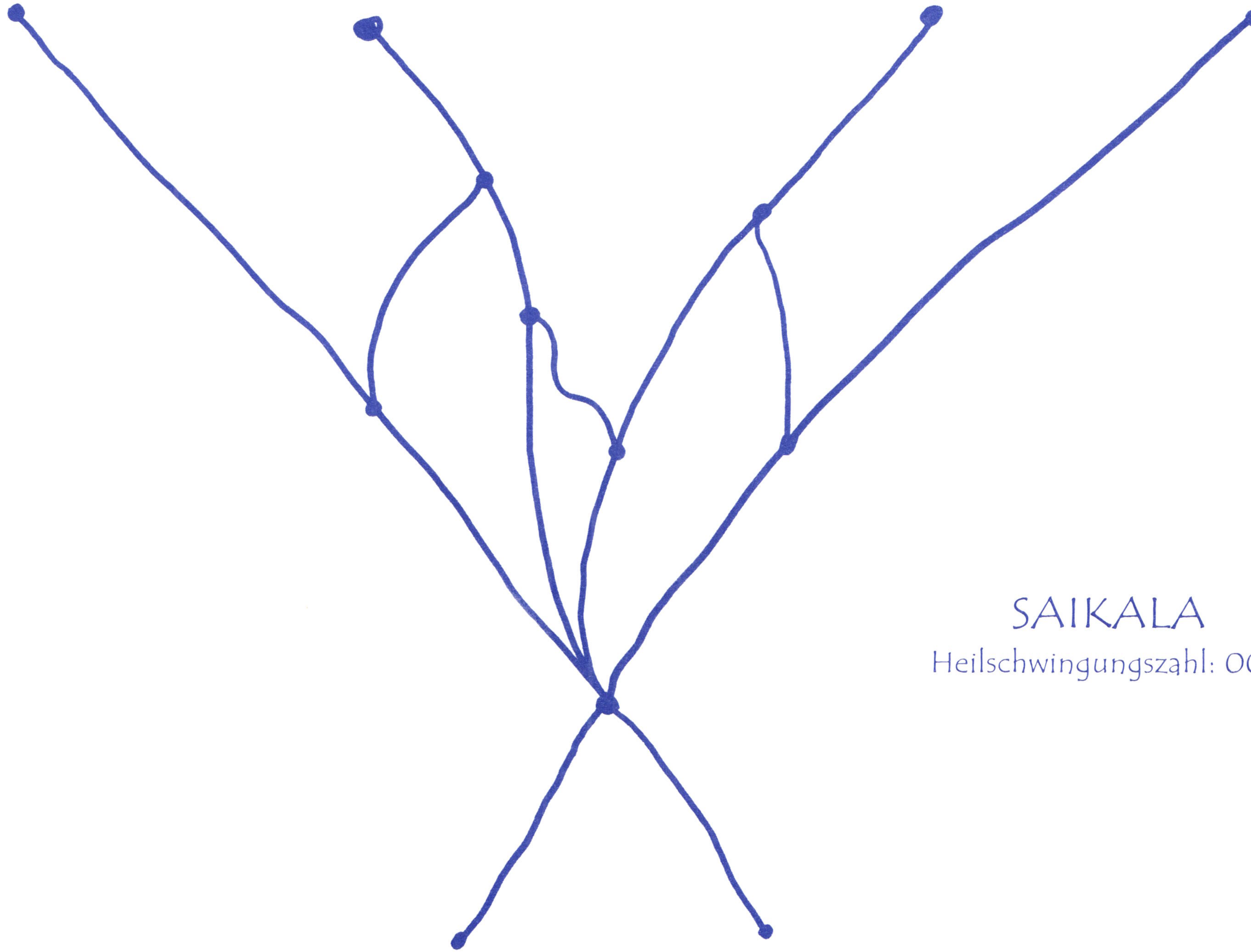

SAIKALA

Heilschwingungszahl: 000

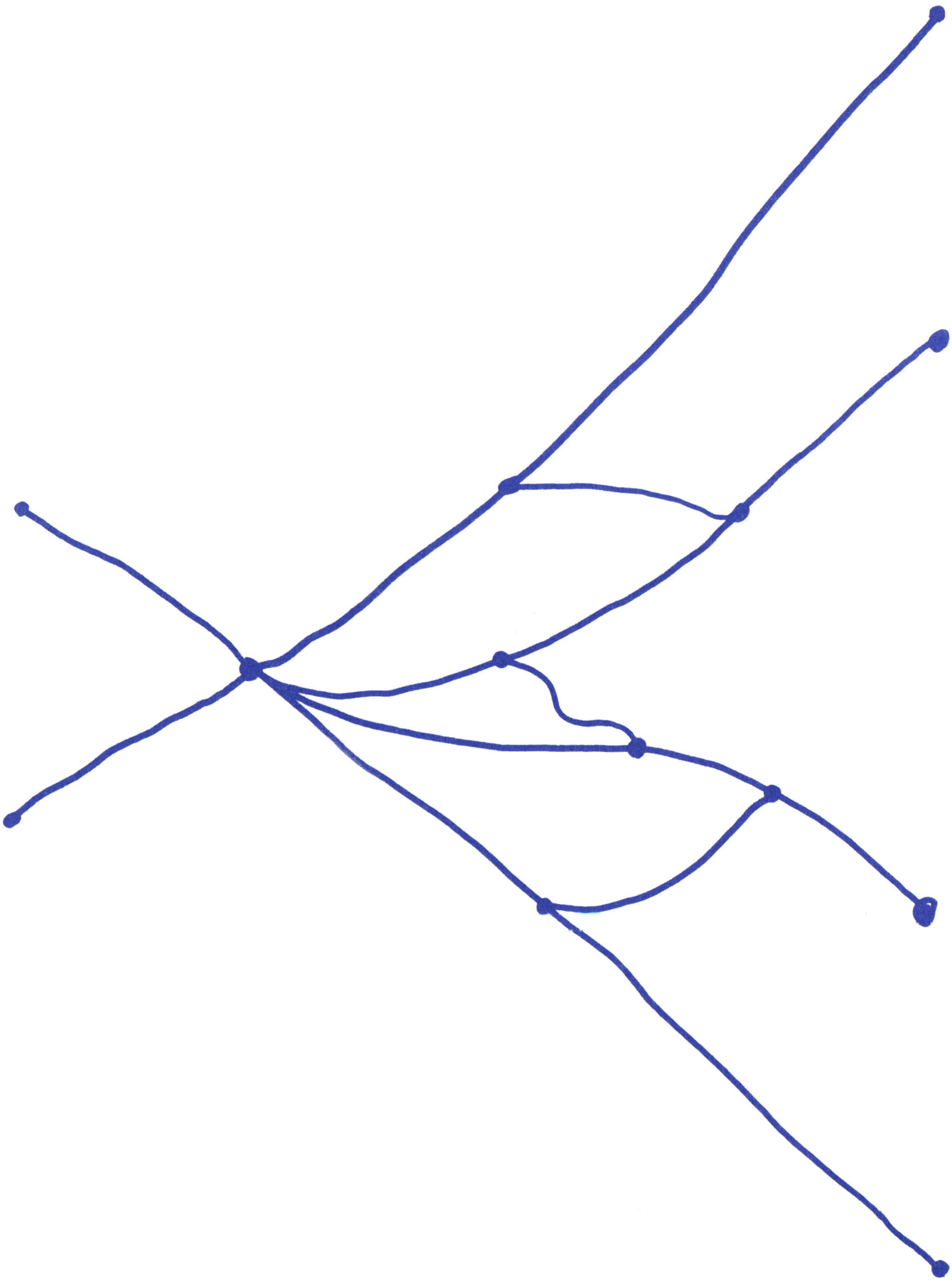

Das Mantra für die 14. Erdschicht

MAHYRA

bedeutet: „Göttliche Freude ist der Weg des Herzens"

Das Mantra MAHYRA reinigt und stärkt euer 14. Chakra

MAHYRA ist sehr wichtig für die Erde. Es geht in die Erdatmosphäre und es verändert das Wetter.

Es schließt die ganzen Löcher in der Erdatmosphäre – der Ozonschicht. Die Ozonschicht ist ein Schutz für euch. Durch das Loch in der Ozonschicht werden eure gesamten Zellen geschwächt.

Es kann sehr heftige Zellreaktionen im Körper hervorrufen, u.a. Schmerzen in den Knochen und Zähnen, weil ihr alle verbunden seid mit dem Kosmos. Durch die Löcher in der Ozonschicht sind eure Organe geschwächt. Durch dieses Mantra könnt ihr die Schwächung lösen.

MAHYRA reinigt eure Zellen noch tiefer.

Alte Erinnerungen, die in den Knochen und in den Zähnen sitzen, können dadurch gelöst werden.

Ihr könnt mir dem Mantra das Wetter verändern. Dies bedeutet, ohne Manipulation das Mantra einzusetzen und für Regen oder Sonne zu bitten. Tornados können z.B. auch damit beeinflusst werden, denn sie entstehen durch eure Gedanken und nicht gelebten Gefühle. Das Wetter zu beeinflussen, bedeutet wirklich damit sehr sorgfältig umzugehen. Es bedeutet nicht, mit diesem Mantra Macht über das Wetter zu bekommen, sondern es vom Herzen her geschehen zu lassen. Wenn ihr die Sonne bittet zu scheinen, kann es sein, dass es gerade wichtig ist für einen anderen Teil der Erde, Sonne zu erhalten. Mit diesem Mantra könnt ihr Wunder bewirken und wenn ihr damit helft, dass das Loch in der Ozonschicht wieder kleiner wird, dann geht es jedem Lebewesen auf der Erde besser und vor allem der Erde.

Die Farbe des Mantras und der 14. Erdschicht ist Weiß.

Der dazugehörige Edelstein ist der Bergkristall.

Das Symbol für die 14. Erdschicht

Dieses Symbol bringt euch zurück in das Urvertrauen. Es bringt euch immer wieder zurück zu euch selbst. Dies Symbol macht euch frei von alten Energien. Es ist dafür da, anzunehmen. Anzunehmen und geschehen zu lassen, denn das ist die Einheit.

Es löst Eifersucht, Neid, Angst, Hass in Liebe auf und macht euch diese Gefühle bewusst.

Es gibt dir auch die Kraft, Lösungsmöglichkeiten herauszufinden für diese Situationen.

Es unterstützt dich in deinem Prozess, Bewertungen zu transformieren in Liebe.

Es hilft dir, Situationen zu akzeptieren und nicht mehr dagegen zu kämpfen.

Es bringt die Einheit auf die Erde.

Die Heilschwingungszahl ist: 9 2 7

MAHYRA

Heilschwingungszahl: 927

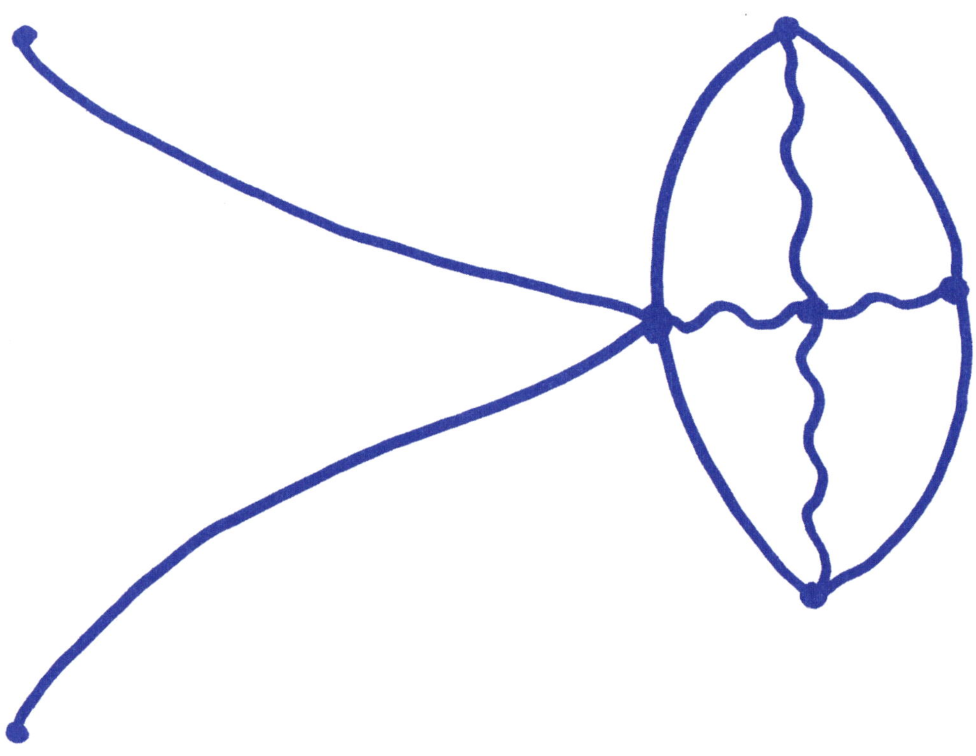

Das Mantra für die 15. Erdschicht

DAYALA

bedeutet: „Vollkommenheit des Herzens"

Das Mantra DAYALA reinigt und stärkt euer 15. Chakra.

Es ist eine Schicht, die euch in die absolute Grenzenlosigkeit bringt.

Alles vereinigt sich, mit der inneren Göttin, mit dem inneren Gott, mit dem inneren Kind, Es sind keine Grenzen mehr da.

DAYALA bringt euch in Kontakt mit eurer inneren Frau, eurem inneren Mann, eurem inneren Kind und es hilft euch, diese drei Kräfte zu leben und zu lieben.

Es löst die Ängste vor den Kräften dieser drei Energien auf.

Die Farben des Mantras und der 15. Erdschicht sind ein klares Grün und ein klares Blau, klar voneinander abgegrenzt.

Der dazugehörige Edelstein ist der Larimar.

Das Symbol für die 15. Erdschicht

Dieses Symbol erlöst alte Wesenheiten, es erlöst verstorbene Seelen, die sich nicht lösen können.

Das Symbol wirkt sofort und überall dort, wo ihr es hinlegt.

Es schickt die Seelen, die sich in einem Raum befinden, ins Licht. Plätze und Häuser können damit gereinigt werden.

Besessene oder besetzte Menschen können damit wieder frei werden.

Menschen, die die Erde verlassen möchten, kannst du mit dem Symbol begleiten.

Das Symbol löst Blockaden in allen Chakren, reinigt sie und löst Altes auf.

Es löscht Verbindungen (energetische Schnüre oder Bänder) zwischen euch Menschen.

Anwendungshinweise:

Sobald ihr dieses Symbol öffnet, d.h. offen auslegt, bildet sich ein Lichtkanal und die Seelen können gehen. Nach zwölf Minuten ist ein Raum gereinigt.

Um energetische Bänder zwischen euch Menschen in Licht zu transformieren, kannst du Photos von dir und einem anderen Menschen auf beide Seiten des Symbol legen. Wenn du kein Photo hast, kannst du auch eure Namen auf zwei Zettel schreiben und diese auf das Symbol legen. Damit die Bänder von beiden Seiten ausgelöscht werden, musst du die Person, von der du die Bänder lösen möchtest, darüber informieren.

Ihr könnt das Symbol auch mit in die Grabstätten legen, damit sich die Seelen wirklich lösen können.

Die Heilschwingungszahl ist: 8 7 3

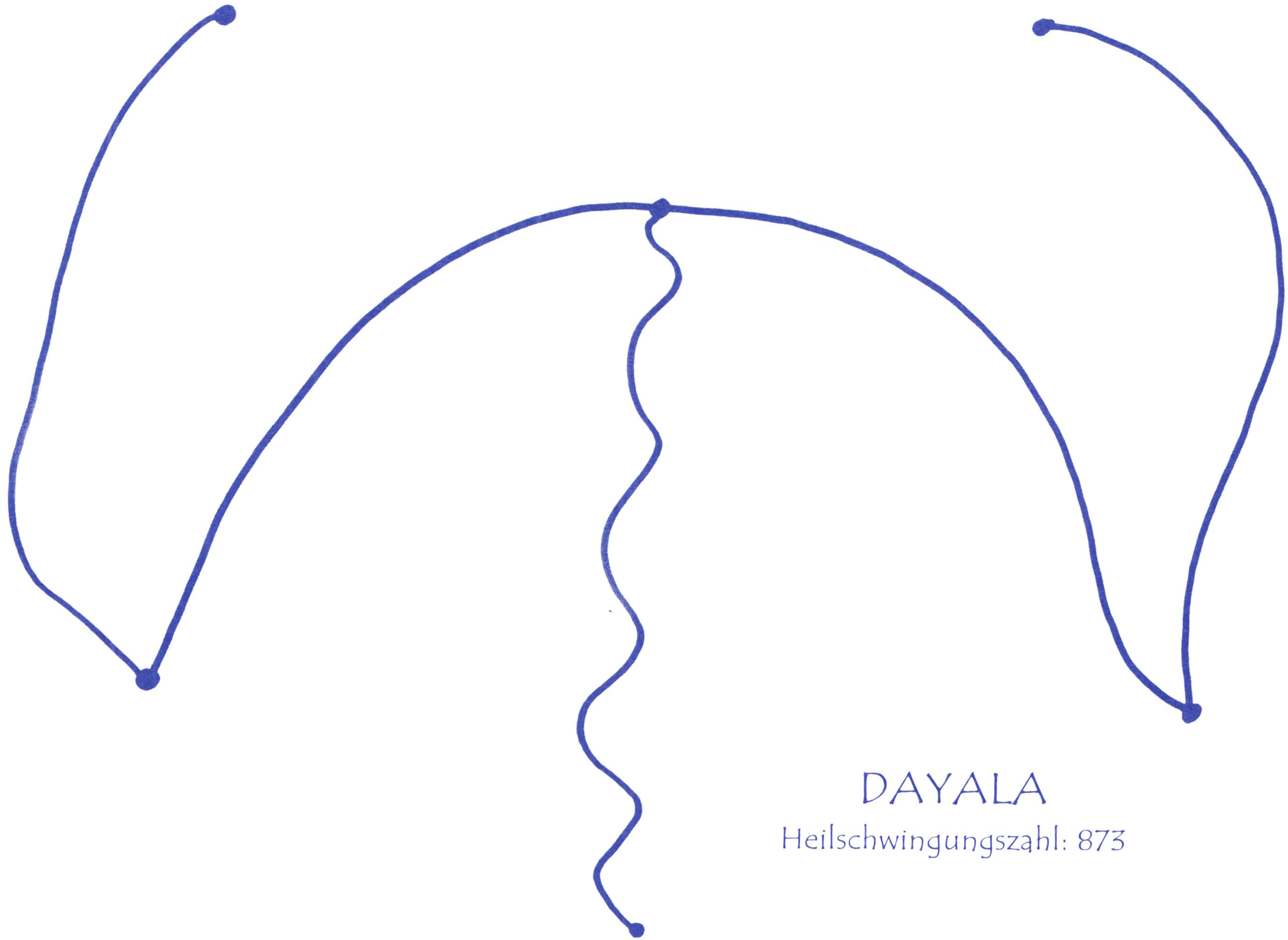

DAYALA

Heilschwingungszahl: 873

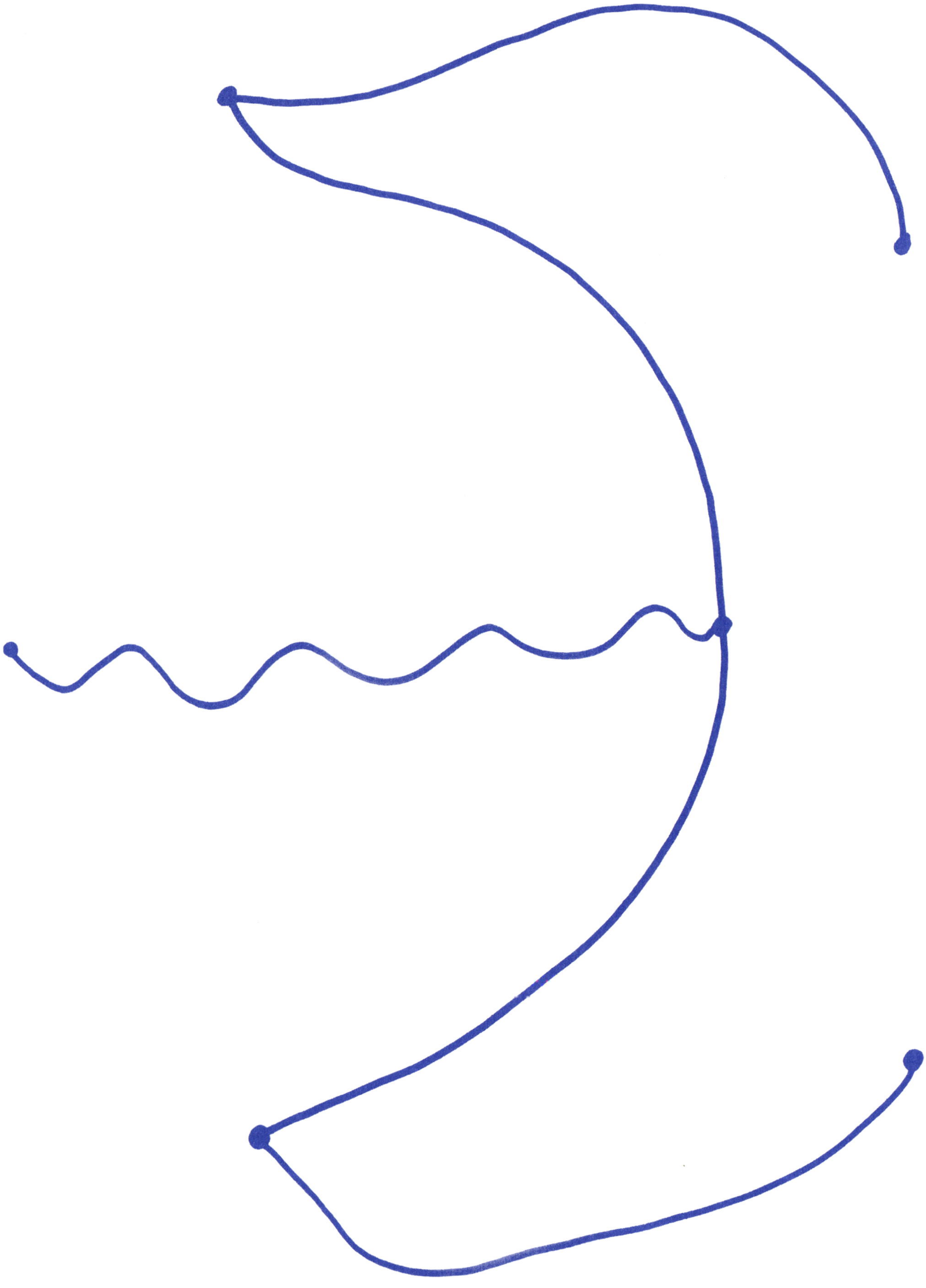

Das Mantra für die 16. Erdschicht

NYTALA

bedeutet: „Bewusstsein von grenzenloser Liebe"

Das Mantra NYTALA reinigt und stärkt euer 16. Chakra.

NYTALA ist die Verbindung zwischen den Herzen. Es öffnet die Herzenskanäle zwischen den Menschen. Dieses bringt Freiheit. Und diese Freiheit bringt immer den Frieden.

Es öffnet die Herzen und bringt Euch wieder zurück in die Freiheit des Herzens.

Das Herz gibt Euch Geborgenheit. Wenn ihr mehr Kontakt habt mit Eurem Herzen, fühlt ihr euch aufgehoben auf der Erde.

NYTALA ist eine Vertiefung des 4. Mantras

Es hilft euch, eine Herzensebene in einer Partnerschaft zu kreieren.

Anwendungshinweis:

Das Mantra NYTALA ist wichtig bei aller Art von Herz- und Lungenbeschwerden.

Die Farbe des Mantras und der dazugehörigen Erdschicht ist Rosa

Der dazugehörige Edelstein ist der Chlorid. (Dieser Stein ist augenblicklich in der Entstehungsphase in der Erde und wird zu gegebener Zeit auf der Erdoberfläche zu finden sein.)

Das Symbol für die 16. Erdschicht

Dieses Symbol richtet euch wirklich auf in eure eigene Göttlichkeit, in die göttliche Stille, in die göttliche Fülle, in das Bewusstsein, dass ihr alles in euch tragt. Es richtet euch auf in das göttliche Bewusstsein.

Dieses Symbol ist der göttliche Strom. Die göttliche Energie, die in euch fließen darf, durch euch durch, in die Erde.

Mit diesem Symbol wird jede Zelle wieder mit dem göttlichen Strom verbunden. Der Gottesfunke wird wieder aktiviert. Das wichtige ist, dass ihr erkennt, dass Gott niemals größer ist als ihr. Gott ist nur in euch zu finden. Das Symbol zeigt euch eure göttliche Schönheit und Liebe.

Es hilft euch, euch ganz eurem göttlichen Leben hinzugeben.

Es hilft euch, euer Herz nicht mehr vor euch selbst zu verschließen.

Die Heilschwingungszahl ist: 0 0 9

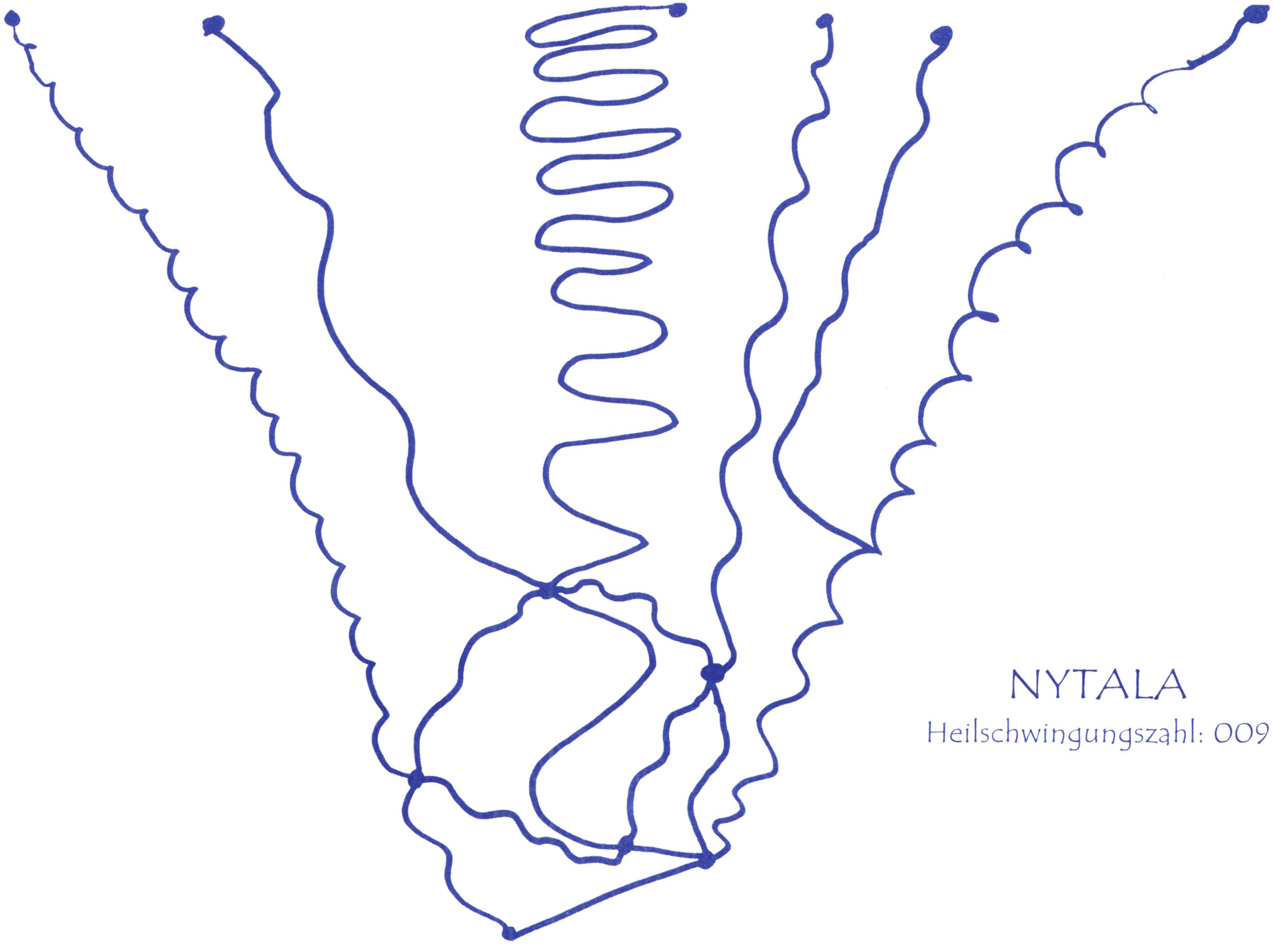

NYTALA

Heilschwingungszahl: 009

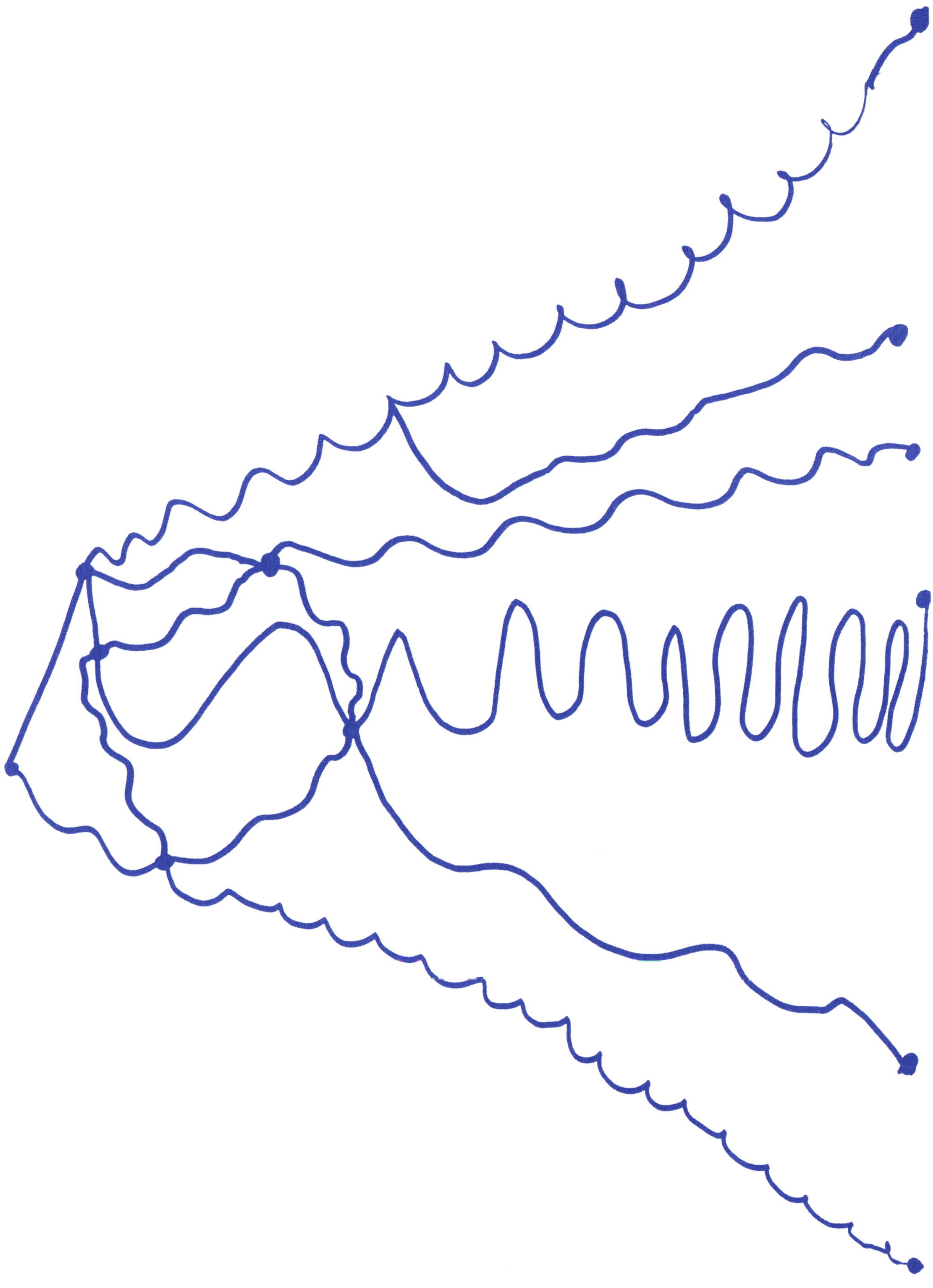

Das Mantra für die 17. Erdschicht

YASHANA

bedeutet: „Das Herz voller Glückseligkeit"

Das Mantra YASHANA reinigt und stärkt euer 17. Chakra.

Es gibt Euch den Zugang zu allen Universen und hilft euch in Kontakt zu treten mit allen Universen. Ihr könnt euch durch dieses Mantra mit dem Heilstrahl von allen Universen verbinden.

Es ist ein wundervolles Mantra für Heiler. Und es ist wundervoll, dass der Heilstrahl aus anderen Universen durch sie dringt.

Anwendungshinweis:

Bittet vor dem Chanten darum, euch mit dem Heilstrahl verbinden zu dürfen.

Die Farbe des Mantras und der 17. Erdschicht ist Hell-Violett.

Der dazugehörige Edelstein ist der Feueropal.

Das Symbol für die 17. Erdschicht

Die Hypophyse ist das Zentrum in eurem Körper, in dem alles gesteuert wird. Dieses Symbol ist ein Aktivator der Hypophyse und somit eine Öffnung zu eurem Körper und eine Öffnung für den Kosmos. Und wenn euer Blut zu den Jahreszeiten untersucht werden würde: Es würde immer eine andere Hormonkonstellation da sein. Im Winter eine ganz andere als im Sommer. Das Blut zeigt je nach Jahreszeit eine andere Zusammensetzung. Deshalb kann es sein, dass ihr z.B. im Winter eine angebliche Hormonstörung habt. Das Symbol der 17. Erdschicht stellt die Hormone optimal ein für euren Körper. So wie ihr sie benötigt.

Das Symbol reguliert eure Atemtätigkeit, es lässt die Atmung ruhiger werden. Je besser eure Hormone eingestellt sind, desto weniger Gifte habt ihr im Körper und desto weniger braucht ihr Sauerstoff. Und das bedeutet, ihr könnt damit wirklich eure Atmung regulieren. Und der Körper stellt sich darauf ein. Wenn ihr euch mit dem Symbol verbindet, kann es sein, dass ihr wirklich nur noch drei Atemzüge die Minute braucht.

Das Symbol wirkt sofort. Experimentiert nicht damit herum. Wenn ihr mit dem Symbol meditiert, seid euch bewusst, dass ihr in eine ganz andere Schwingungsebene kommt. Wenn eure Hypophyse offen ist, dann kommt ihr in den Omega-Zustand. Der Omega-Zustand ist reines göttliches Bewusstsein, das Bewusstsein, aus dem ihr alle kommt.

Drei Stunden mit dem Symbol meditieren ist wie zwölf bis fünfzehn Stunden Schlaf.

Um wirklich eure Kraft zu leben: Meditiert mit diesem Symbol.

Es aktiviert euren Seinszustand.

Es bringt euch in eure absolute göttliche Klarheit.

Die Heilschwingungszahl ist: 5 5 4

YASHANA

Heilschwingungszahl: 554

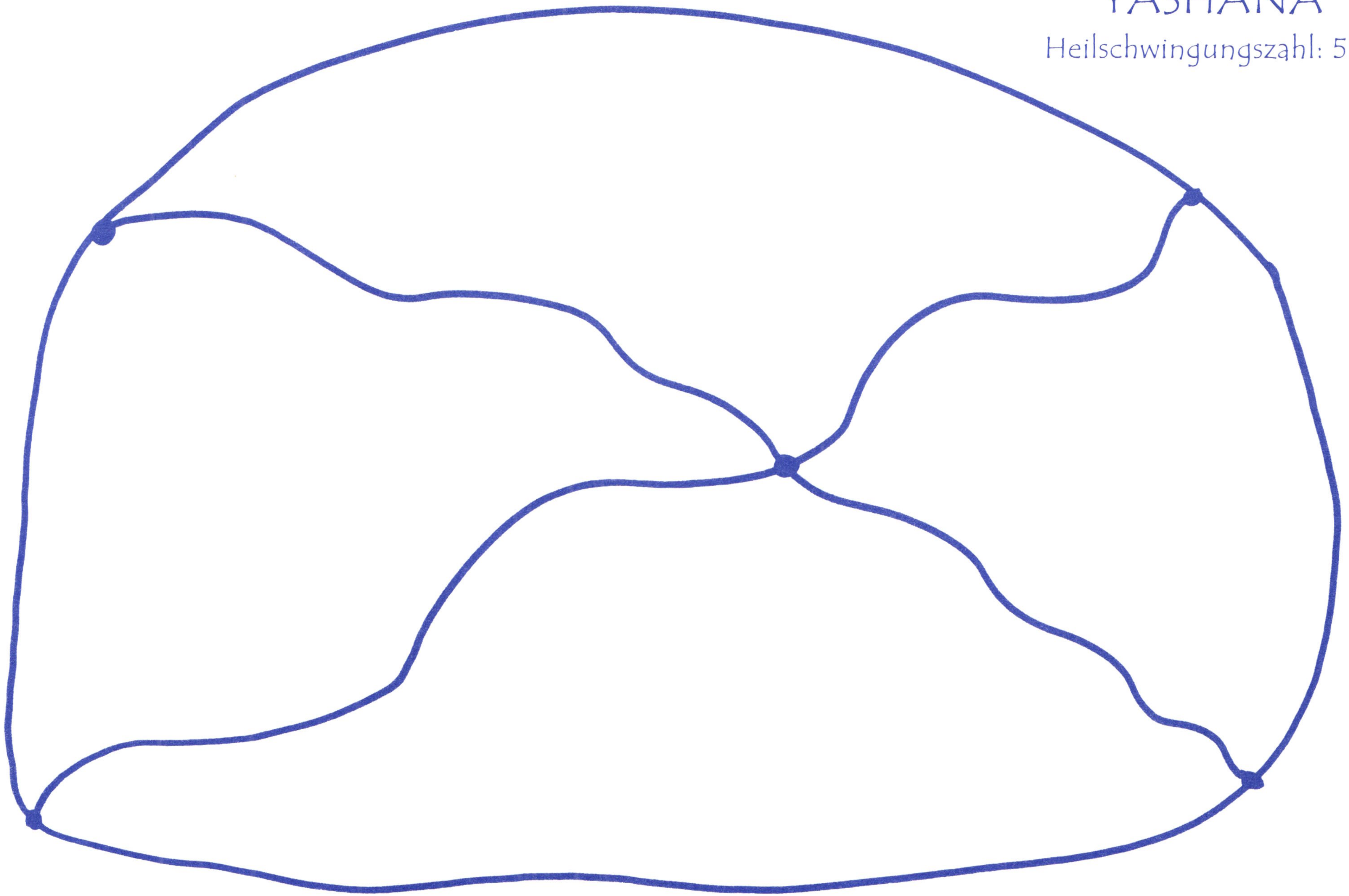

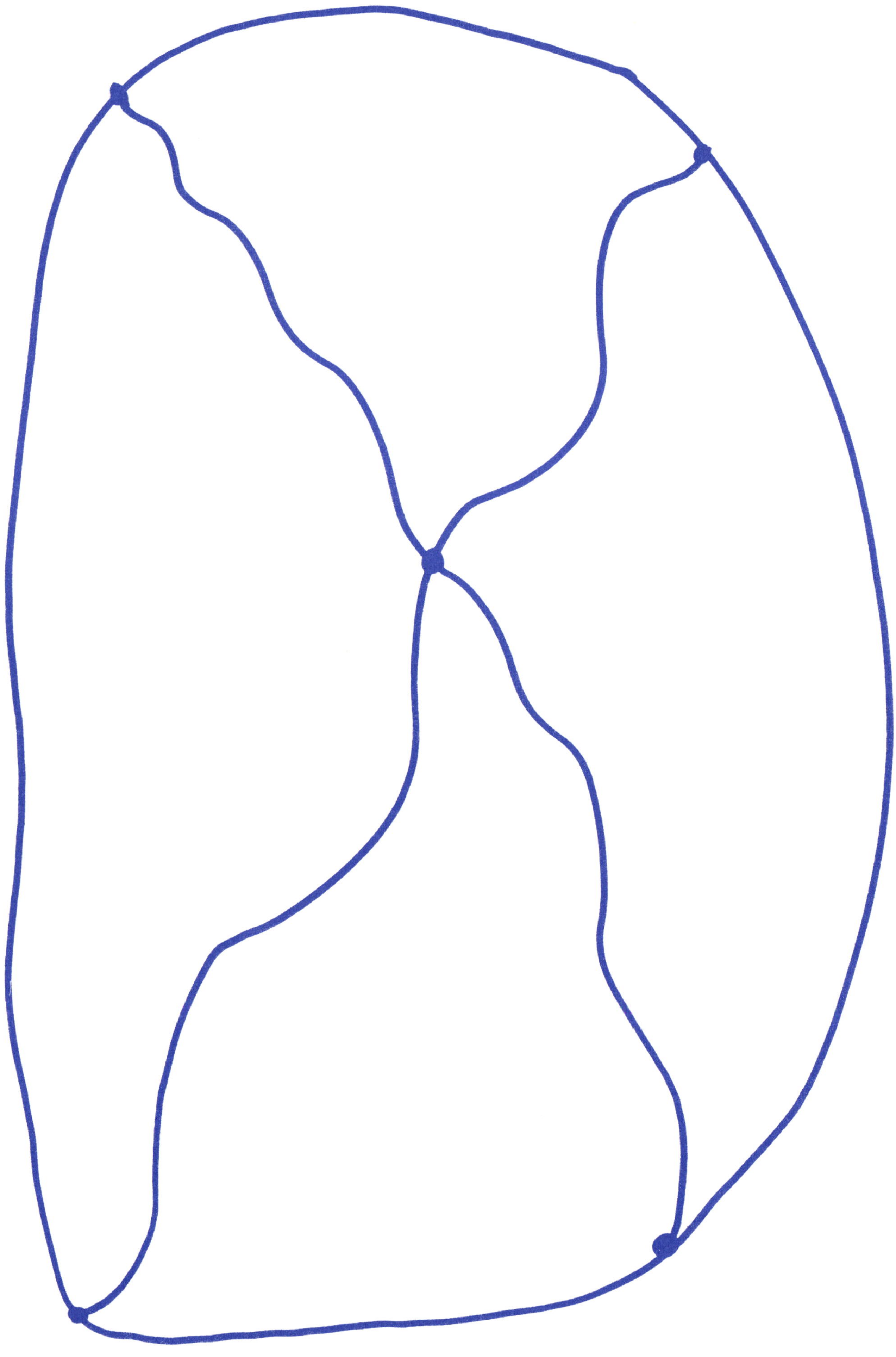

Das Mantra für die 18. Erdschicht

VASHALA

bedeutet: „Die Essenz von Liebe ist das Bewusstsein von Freiheit"

Das Mantra VASHALA reinigt und stärkt dein 18. Chakra.

Dieses Mantra bringt dich in einen Zustand der höchsten göttlichen Ebene. Es zeigt dir auf, dass alles aus dem Göttlichen entsteht, und dass das göttliche Sein in deinem Leben den Ausdruck findet.

VASHALA hilft euch, euer EGO loszulassen.

Es geht um die Stille und um die höchste Göttlichkeit in Euch. Alles, was ihr kreiert in Eurem Leben, geschieht durch die göttliche Liebe. Alles.

Ihr – jedes Lebewesen – seid eine Kreation der göttlichen Liebe.

Die Farbe dieses Mantras ist Silber.

In dieser Schicht ist alles Gold, sie besteht aus Gold.

Das Symbol für die 18. Erdschicht

Dieses Symbol hilft euch, den göttlichen Kern in euch wieder zu entdecken.

Ihr könnt mit dem Symbol mit der 18. Schicht des Mittelpunktes der Erde und eurem göttlichen Mittelpunkt Kontakt aufnehmen.

Es bringt euch Glückseligkeit. Glückseligkeit ist nicht Erleuchtung. Glückseligkeit ist über der Erleuchtung. Und damit ihr diese Glückseligkeit halten könnt, bekommt ihr dieses Symbol. Es trägt euch in der Glückseligkeit. Wirklich zu erfahren, zu was ihr alles fähig seid auf der Erde, dazu dient dieses Symbol.

Dieses Symbol ist so aufgebaut, dass es euch immer mehr in diese Grenzenlosigkeit führt. In den Moment, in dem keine Gedanken mehr da sind.

Anwendungshinweis:

Und achtet immer auf den Mittelpunkt des Symbols. Der Mittelpunkt normalisiert die Gedanken. Der Mittelpunkt ist der göttliche Kern in euch. Ihr könnt dieses Symbol von allen Seiten halten, es wird immer gleich sein. Erkennt wirklich, mit welchem Bewusstsein ihr auf die Erde gekommen seid und zu welchem Bewusstsein ihr jetzt wieder geführt werdet.

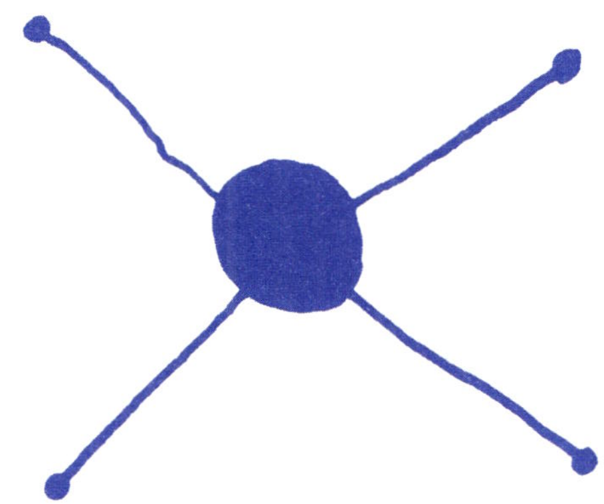

VASHALA

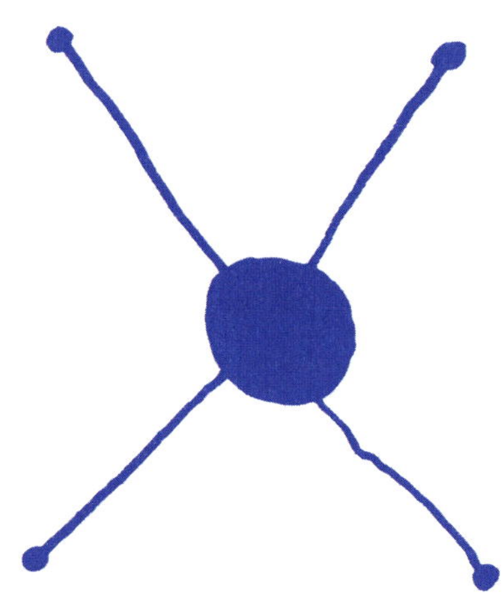

Symbolkombinationen

Durch die Symbolkombinationen kann gezielt auf einzelne Erkrankungen eingegangen werden. Die unten angegebenen Symbolkombinationen wurden uns während eines Channelings von Erzengel Michael gegeben. Sie sollen dir eine Idee vermitteln von den vielen Anwendungsmöglichkeiten, die dir mit den Symbolen geschenkt werden. Selbstverständlich kannst du die Symbole auch in anderen Kombinationen nutzen. Verlasse dich dabei auf deine Intuition.

Wende diese Kombinationen sehr achtsam an.

Meditiere dabei jeweils zwölf Minuten mit einem Symbol, anschließend mit dem nächsten und schließlich mit dem dritten. Nutze sie mit einer klaren Liebesabsicht.

Erfahrungszustand	Symbolkombination
Entzündung	1, 3, 9

Wirkung: beruhigend, kühlend, bringt Klarheit und Weite, löscht das „Entzündungsfeuer"

Hilft bei: Aids, Allergien, Alzheimer[3], Aphasie, Asthma und Erkrankungen der Atemwege, Kandida, Diabetes, Dialysepatienten, Durchblutungsstörungen, Demenz[4], Epilepsie, Herzerkrankungen, Hirnerkrankungen, Krebs, Migräne, Multiple Sklerose, allen Arten von Myasmen, Morbus Crohn, Neurodermitis, Parasitenbefall, Parkinson, Schlaganfall, Schuppenflechte, Viren und allen weiteren entzündlichen Prozessen im Körper; Leber- und Nierenreinigung

3 Zum Thema ‚Alzheimer' siehe den Ausschnitt eines Channelings mit Erzengel Raphael vom Mai 2004 auf Seite 32.

4 Zum Thema ‚Demenz' siehe den Ausschnitt eines Channelings mit Erzengel Raphael vom Mai 2004 auf Seite 33.

Schmerz 7, 12, 15

Wirkung: löst den Schmerz auf

Hilft bei: körperlichen und seelischen Schmerzen

Knochen und Gelenke 1, 11, 14

Wirkung: macht die Knochen resistenter und stabiler

Hilft bei: Osteoporose, Lähmungen

Einsamkeit 1, 17, 18

Wirkung: führt zu mehr Gelassenheit, denn wenn Gelassenheit da ist, ist keine Einsamkeit da

Hilft bei: Einsamkeitsgefühl, Depression, Lampenfieber, psychischen Erkrankungen

Blut 1, 3, 5

Wirkung: reinigt das Blut, unterstützt die Gesundung des Blutes, trägt die Information von Gesundheit in den Körper

Hilft bei: Pilz im Blut, Verklumpung, allen Blutkrankheiten

Augen 1, 7, 18

Wirkung: das Sehen stellt sich so ein, dass die Normalfunktionen wieder eingestellt werden

Hilft bei: Kurz- und Weitsichtigkeit, Stärkung und Reinigung der Augen

Hormone 13, 14, 16

Wirkung: Reinigung, Ausgleich und Regulierung

Hilft bei: Hormonveränderungen

Zeckenbisse, Mückenstiche 1, 2, 10

Wirkung: entfernt die Gifte aus dem Körper

Hilft auch bei: Zeckenbissen und Mückenstichen, Borreliose

Ohren 1, 9, 18

Wirkung: göttliche Gesänge werden besser wahrgenommen, so dass sich Hörprobleme verabschieden können

Hilft bei: Tinitus und Hörproblemen

Immunsystem 1, 5, 6

Wirkung: Stärkung des Immunsystems

Hilft bei: Anfälligkeit für Krankheiten

Bindegewebe 1, 4, 11

Wirkung: Stärkung und Reinigung des Bindegewebes

Hilft bei: Bindegewebsschwäche

Herz[5] 1, 3, 6

Wirkung: Kräftigung und Stärkung des Herzens

Hilft bei: Beschwerden im Bereich des Herzens

Sinne 2, 4, 10

Wirkung: Stärkung der Sinne und somit der Sinnlichkeit

5 Auch die Herz-Rescue-Essenz von Kamasha (Nr. 76) ist bei Schocks, die auf das Herz gehen, sehr hilfreich.

Impfungen 2, 3, 11

Wirkung: hilft Impfstoffe und deren Zusätze (z.B. Schwermetalle, Quecksilber) im Körper zu lösen, erleichtert die Begleiterscheinungen

Hilft bei: Impfschäden, Impfungen

Haare 2, 3, 17

Wirkung: reinigend, kräftigend

Hilft bei: dünnem Haar, Haarausfall

Kinderwunsch 1, 7, 8

Wirkung: wirkt unterstützend bei der Einladung einer Seele

Hilft bei: unerfülltem Kinderwunsch

Geburt 1, 8, 15

Wirkung: eine wundervolle und sanfte Geburt; löst die Angst vor der Geburt

Hilft bei: Angst vor dem Gebären

Frühgeburt (Anwendung für Mütter) 1, 7, 17

Wirkung: Schockauflösung

Hilft bei: Frühgeburt

Wehen, ohne Wehentropf 1, 16, 18

Wirkung: Einsetzen der Wehen, beschleunigt die Geburt

Hilft bei: nicht einsetzenden Wehen

Schwangerschaft 1, 2, 10

Wirkung: Mutter und Kind fühlen sich wohl, erleichtert die Umstellung auf die Vertikalisierung der Chakren

Hilft bei: Umstellung auf die Schwangerschaft

Kinder 1, 12, 18

Wirkung: unterstützt die gesunde Entwicklung der Kinder

Hilft bei: Schwierigkeiten in der Kommunikation zwischen Eltern und Kindern

Pubertät 1, 5, 18

Wirkung: positive Entwicklung

Hilft bei: Übergang von der Kindheit in die Jugend und anschließend ins Erwachsenenalter

Autismus und geistige Behinderung 3, 7, 8

Wirkung: Autisten kommen mehr auf der Erde an; Betroffene, Eltern und Bezugspersonen können besser mit der Behinderung umgehen und lernen, besser mit dem geistig behinderten Menschen zu kommunizieren

Hilft bei: Autismus, geistiger Behinderung

Sexueller Missbrauch:[6] 1, 3, 17

Wirkung: Auflösung der Schocksituation

Hilft bei: sexuellem Missbrauch

6 Während des Channelings im Mai 2004 sagte Erzengel Michael, dass es für die Heilung von sexuellem Missbrauch viel wichtiger sei, den Kontakt zu der zu heilenden Person zu halten, als Vermutungen nachzugehen und mit den Symbolen zu arbeiten. Die Symbolarbeit könnte sonst u.U. zu stark sein.

Erdstrahlen 1, 17, 18

Wirkung: Erdstrahlen werden aufgelöst

Hilft bei: Störzonen

Flüsse, Meere, Erdreich 5, 7, 4

Wirkung: Reinigung

Hilft bei: Verschmutzungen

Notfallkombination 5, 7, 4

Diese Notfallkombination ist gerade für die Meere und das Erdreich wichtig.

Alle Symbole und Mantren und auch alle Kombinationen gelten ebenso für Pflanzen und Tiere.

Heilschwingungszahlen für Organe

Alles ist Energie. Alles schwingt. Jedes Wort. Jede Zahl. Jede Zelle. Jedes Organ. Wir sind Schwingung. So kann alles in eine Zahlenkombination – Heilschwingungszahl – „übersetzt" werden.

Diese Heilschwingungszahlen drücken die Schwingung von einem gesunden Organ aus und können zur Gesunderhaltung, Kräftigung und Reinigung der Organe eingesetzt werden. Durch die Heilschwingungszahlen bekommen die Organe wieder die Information zur Regeneration und zur optimalen Gesundheit.

Die Zahl 999 ist die Zahl mit der höchsten kosmischen Schwingung.

Organ	Heilschwingungszahl
Bauchspeicheldrüse	732
Bindegewebe	975
Blase	543
Blut	793
Darm (Dick- und Dünndarm)	572
Eierstöcke	358
Galle	543
Gebärmutter	997
Gelenke	738
Haare	995
Haut	991
Herz	444
Hoden	711
Knochen	111

Organ	Heilschwingungszahl
Leber	222
Lunge	558
Magen	918
Mandeln	733
Muskeln	544
Nägel	719
Nerven	133
Niere	337
Prostata	551
Schleimhäute	448
Sehnen	885
Wirbelsäule	777
Zähne	339
Zahnfleisch	113
Zelle	117
Zwerchfell	550

Kleines Sanskritwörterbuch

A	die Urkraft, die göttliche Urkraft
AM	ist eine Silbe von AUM
DA	dem Göttlichen dienen
HY	die kosmische Kraft
KA	die Lösung, loslassen
LA	das Licht
LI	zurückkommen, das urväterliche Prinzip
MA	das mütterliche Prinzip
NA	die Freude
NY	das vollkommene Licht
RA	das Leben
RI	die Grenzenlosigkeit
SAI	die Verbindung von dem göttlichen Vater und der göttlichen Mutter (identisch mit Shiva und Shakti)
SHA	die Sonne
SVA	die Wahrheit bringen
TA	die Urliebe, die bedingungslose Liebe, das urweibliche Prinzip – wie die Göttin Tara
VA	die Freiheit
YA	das Ausgleichende

Gesamtüberblick zu den Erdschichten, Mantren und Symbolen

Erdschicht 1	Heilschwingungszahl 911	Erdschicht 2	Heilschwingungszahl 999	Erdschicht 3	Heilschwingungszahl 111
Mantra: ARAVI Anwendungsmöglichkeiten: – Hilft, auf der Erde anzukommen, – löst Blockaden im 1. Chakra auf, – reinigt Fuß- und Handchakren, – dient der Aktivierung von Kraftplätzen	Symbol:  Anwendungsmöglichkeiten: – Aktiviert die Körperzellen, – bringt Gleichgewicht in die Zellen und damit ins Leben, – löscht die Ängste, ganz auf der Erde zu sein, – hilft bei Blasenschwäche	Mantra: RALAYA Anwendungsmöglichkeiten: – Verbindet mit dem Leben auf der Erde, – reinigt und gleicht die Körperzellen aus, – harmonisiert und reinigt das 2. Chakra	Symbol: 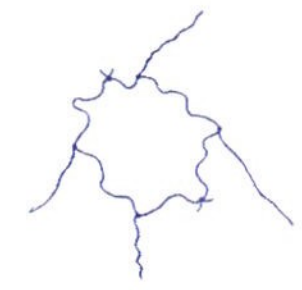 Anwendungsmöglichkeiten: – Überträgt die Energie der Freiheit und der reinen kosmischen Zelle, – aktiviert die Grundschwingung von allumfassender Gesundheit in den Zellen	Mantra: KARANA Anwendungsmöglichkeiten: – Gleicht alle Organe aus, – die Angst vor Macht schwindet durch Annahme der eigenen Emotionen, – hilft bei Entzündungen, z.B. Krebs und Aids	Symbol:  Anwendungsmöglichkeiten: – Bringt kosmische Energie auf die Erde, – hebt DNA-Störungungen auf, – entstört Handystrahlen, – reinigt Plätze und hilft bei der Kommunikation durch Telepathie
Erdschicht 4	Heilschwingungszahl 873	Erdschicht 5	Heilschwingungszahl 963	Erdschicht 6	Heilschwingungszahl 279
Mantra: AMRILA Anwendungsmöglichkeiten: – Hilft, sich selbst in Liebe zu begegnen, – ermöglicht die Ausgleichung und Erleuchtung des Herzens, – hilft, "sich selbst an sich selbst anlehnen zu können"	Symbol:  Anwendungsmöglichkeiten: – Aktiviert und verstärkt die Lebenskraft und die Niere, – Zellen brauchen nicht mehr zu altern	Mantra: AMYAKA Anwendungsmöglichkeiten: – Gleicht aus, – löst ungeklärte Kommunikation, – bringt Klarheit, – öffnet alle Ebenen des Ausdrucks	Symbol: 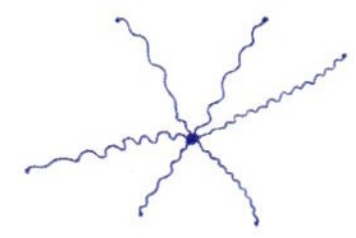 Anwendungsmöglichkeiten: – Hilft bei energetischen Reinigungen, – löst Energiestaus (Entzündung, Schmerz, ...) durch eine Verteilung von Überenergie, – ermöglicht die Kommunikation auf allen Ebenen	Mantra: SVAHAYA Anwendungsmöglichkeiten: – bringt Klarheit bei Ohrgeräuschen, – klärt das dritte Auge, – hilft bei der Manifestation von Visionen	Symbol:  Anwendungsmöglichkeiten: – Löscht die Ängste, – bringt Ruhe in die Zellen, – hilft gegen Schlafstörungen, – öffnet das dritte Auge, – hilft bei der Transformation von Altem
Erdschicht 7	Heilschwingungszahl 549	Erdschicht 8	Heilschwingungszahl 342	Erdschicht 9	Heilschwingungszahl 261
Mantra: VARILA Anwendungsmöglichkeiten: – Hilft, Kontakt mit der Natur aufzunehmen, – verstärkt die Heilkraft von Kräutern und Planzen	Symbol: 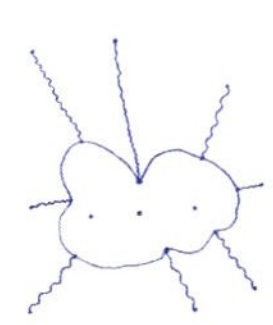 Anwendungsmöglichkeiten: – Hilft, Frieden zu schließen, – hilft, Schuld in Liebe zu transformieren, – hilft, Licht zu manifestieren, – öffnet die Herzen füreinander	Mantra: ASHANA Anwendungsmöglichkeiten: – Gleicht rechte und linke Gehirnhälfte sowie linke und rechte Körperhälte aus, – ermöglicht es, sich mit den außerkörperlichen Chakren und mit denen der Erde zu verbinden	Symbol: 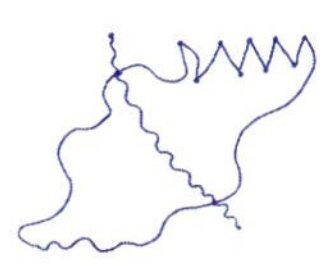 Anwendungsmöglichkeiten: – Bringt dich in Achtsamkeit mit dir selber, – hilft, in der Achtsamkeit zu leben und zu handeln	Mantra: TALAMA Anwendungsmöglichkeiten: – Gibt Schutz vor Manipulation, – bringt dich in die Zeitlosigkeit, – hilft dir, mit Menschen in Kontakt zu treten (auch im Koma)	Symbol: 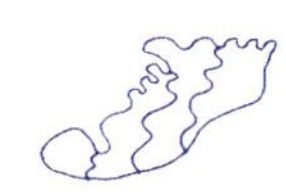 Anwendungsmöglichkeiten: – Hilfe bei Schwangerschaft, – Hilfe beim Geburtsvorgang, – hilft, die Schönheit des Lebens zu erfahren, – breitet Stille in den Zellen aus
Erdschicht 10	Heilschwingungszahl 117	Erdschicht 11	Heilschwingungszahl 534	Erdschicht 12	Heilschwingungszahl 309
Mantra: MALIKA Anwendungsmöglichkeiten: – Hilft, die Vergangenheit loszulassen, – hilft bei der Auflösung eines Konfliktes oder einer alten Verletzung, – schenkt unendliche Freiheit	Symbol: 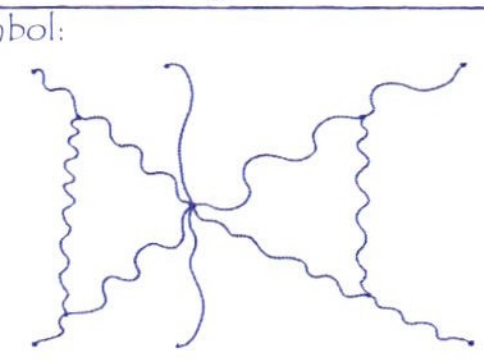 Anwendungsmöglichkeiten: – Hilft bei der Entgiftung der Zellen, – hilft bei der Entstörung von körperlichen und seelischen Narben, – Zellen werden wieder in ihre Kraft gebracht, – die Haut wird geglättet	Mantra: TAYANA Anwendungsmöglichkeiten: – Stärkt und reinigt die DNA, – löst die Schädigungen der DNA	Symbol:  Anwendungsmöglichkeiten: – Öffnet und reinigt die energetischen Kanäle, – bringt Leichtigkeit ins Leben und hilft aus der Polarität heraus, – hilft bei der Wahrnehmung der geistigen Welt	Mantra: MAYAKA Anwendungsmöglichkeiten: – Löst Ängste und Denkblockaden, – hilft bei Schlaflosigkeit, – zeigt die eigene Göttlichkeit auf	Symbol: 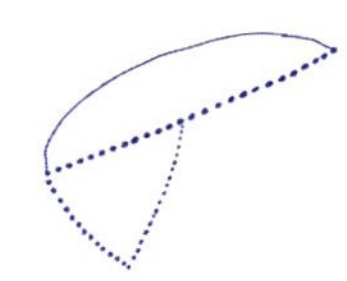 Anwendungsmöglichkeiten: – Gleicht die Gehirnhälften aus, – hilft bei organischen Schäden des Gehirns (Alzheimer, Demenz) und Schwindelzuständen, – hilft bei Depressionen
Erdschicht 13	Heilschwingungszahl 000	Erdschicht 14	Heilschwingungszahl 927	Erdschicht 15	Heilschwingungszahl 873
Mantra: SAIKALA Anwendungsmöglichkeiten: – Ermöglicht die Begleitung der Seele ins Licht, – hilft bei Inkarnation und Exkarnation, – heilt schwere, traumatische Geburten, – heilt Zähne	Symbol: 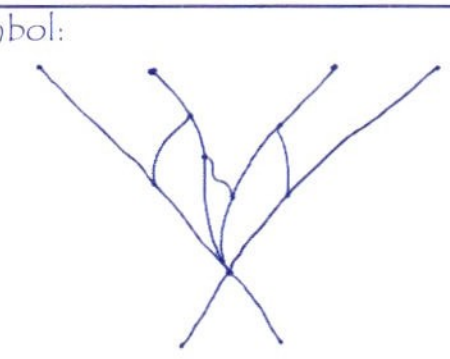 Anwendungsmöglichkeiten: – Ist die energetische Manifestation des Alpha-Zustandes, – hilft, die Verbindungen zur Erde, zum Kosmos und zur geistigen Welt wahrzunehmen	Mantra: MAHYRA Anwendungsmöglichkeiten: – Heilt die Erdatmosphäre, – beeinflusst das Wetter, – reinigt die Zellen, – löst Erinnerungen, die im Körper sitzen	Symbol:  Anwendungsmöglichkeiten: – Bringt dich zurück ins Urvertrauen, – macht dich frei von alten Energien, – löst Eifersucht, Hass, Neid und Angst in Liebe auf, – hilft, die Einheit auf die Erde zu bringen	Erdschicht 6: DAYALA Anwendungsmöglichkeiten: – Bringt dich zur Grenzenlosigkeit, – fördert den Kontakt mit dem inneren Kind, der inneren Frau und dem inneren Mann und hilft dir, diesen zu leben und zu lieben	Symbol: 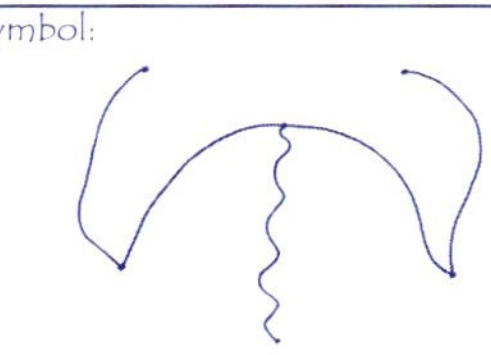 Anwendungsmöglichkeiten: – Erlöst alte Seelen und Wesenheiten (schickt sie ins Licht), – reinigt Plätze und Häuser, – löst energetische "Schnüre", – hilft bei der Begleitung von Menschen, die die Erde verlassen
Erdschicht 16	Heilschwingungszahl 009	Erdschicht 17	Heilschwingungszahl 554	Erdschicht 18	keine Heilschwingungszahl
Mantra: NYTALA Anwendungsmöglichkeiten: – Öffnet und verbindet die Herzen, – bringt Freiheit, – hilft bei Herz- und Lungenbeschwerden	Symbol: 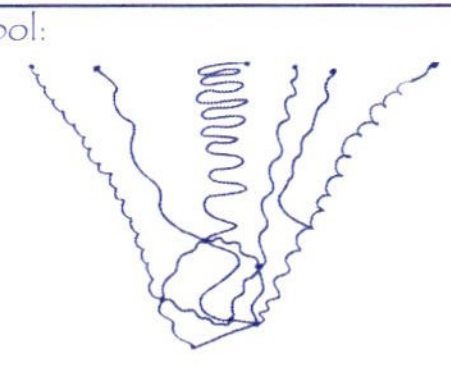 Anwendungsmöglichkeiten: – Führt dich in das Göttliche Bewußtsein, in die Göttliche Stille, – zeigt dir deine eigene göttliche Schönheit und Liebe, – hilft dir, das eigene Herz nicht vor dir selbst zu verschließen	Mantra: YASHANA Anwendungsmöglichkeiten: – Ermöglicht dir den Zugang und Kontakt zu allen Universen, – ermöglicht dir die Verbindung mit dem Heilstrahl aller Universen, – ist ein wundervolles Mantra für Heiler	Symbol: 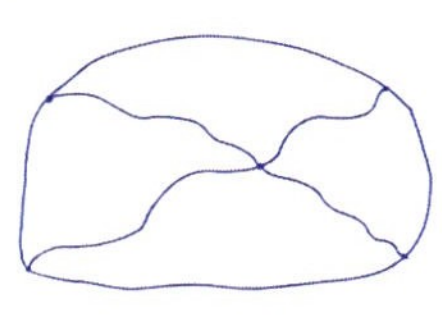 Anwendungsmöglichkeiten: – Aktiviert die Hypophyse, – stellt die Hormone für den Körper optimal ein, – beruhigt die Atmung, – hilft dir, in den Omega-Zustand zu kommen	Mantra: VASHALA Anwendungsmöglichkeiten: – Hilft dir, in den Zustand der höchsten göttlichen Ebene zu kommen, – hilft dir, das Ego loszulassen	Symbol:  Anwendungsmöglichkeiten: – Hilft dir bei der Wiederentdeckung deines göttlichen Kerns, – bringt dir Glückselikeit und hilft dir, diese zu halten, – bringt dich in den Mitelpunkt, – hilft dir, deine Unendlichkeit zu erfahren

Zum Pendeln

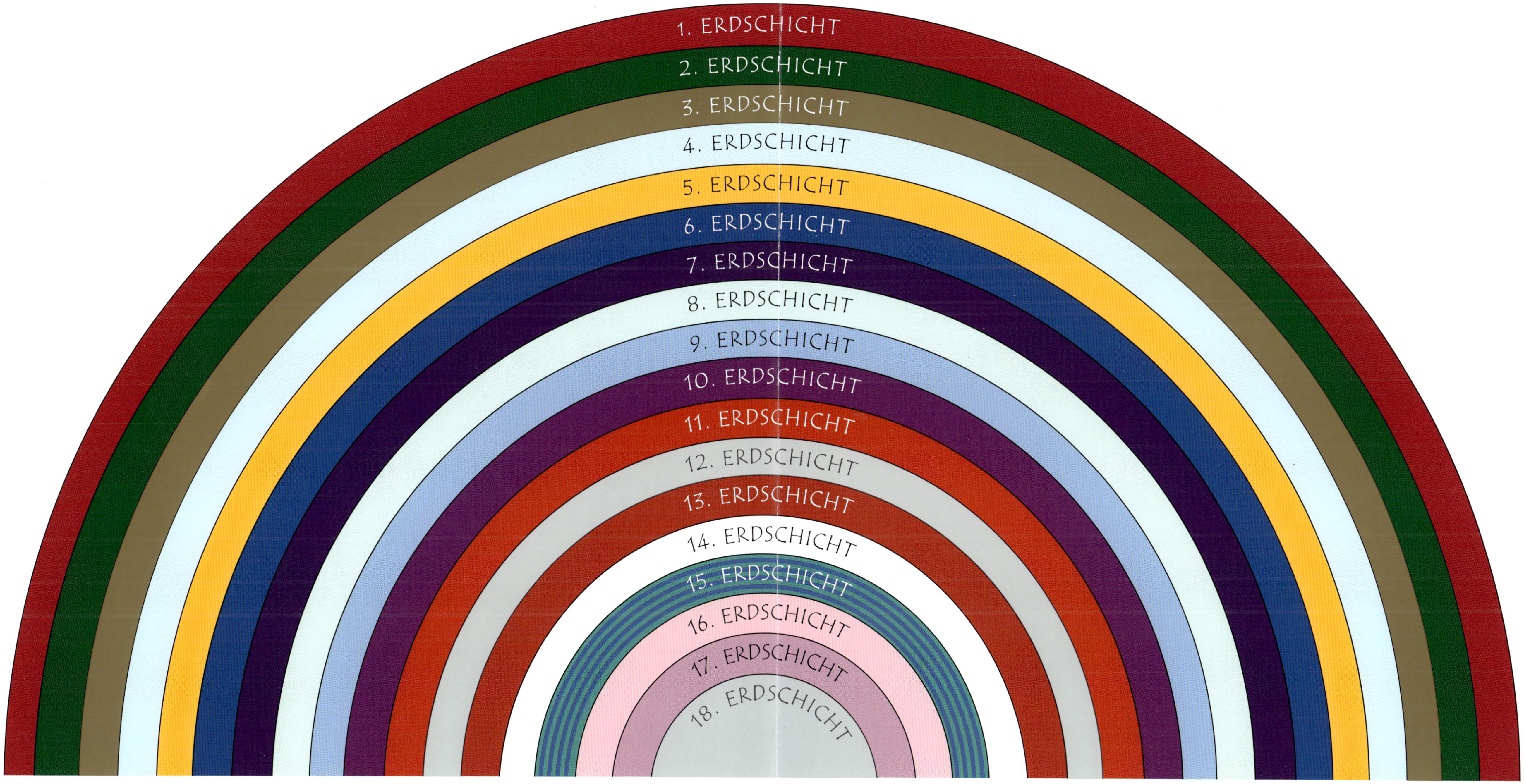
1. ERDSCHICHT
2. ERDSCHICHT
3. ERDSCHICHT
4. ERDSCHICHT
5. ERDSCHICHT
6. ERDSCHICHT
7. ERDSCHICHT
8. ERDSCHICHT
9. ERDSCHICHT
10. ERDSCHICHT
11. ERDSCHICHT
12. ERDSCHICHT
13. ERDSCHICHT
14. ERDSCHICHT
15. ERDSCHICHT
16. ERDSCHICHT
17. ERDSCHICHT
18. ERDSCHICHT

Natara über Kamasha

Es war mitten in der Nacht, als mir Erzengel Michael zum ersten Mal erschienen ist. Ich nahm plötzlich eine starke Liebesenergie in meinem Zimmer wahr, sah ein goldenes Licht und eine majestätische Gestalt in blauem Gewand.

Erzengel Michael. Ich hatte vorher noch nie von ihm gehört, doch er sagte mir, dass ich die Kamasha-Essenzen in die Welt bringen werde; energetisierte Wasser-Alkohol-Mischungen, die mit kraftvollen Schwingungen aufgeladen sind und die Menschen in ihrem innerem Wachstum unterstützen sollen.

Seitdem ich am 15. März 2001 einen kleinen Büroraum bezogen habe und mit zwei Telefonen an den Start gegangen bin, ist das Kamasha-Projekt ständig gewachsen.

Nach dem Kamasha Versandhandel, der die Kamasha-Essenzen herstellt, gründete ich mit einer handvoll Mitarbeiter das Kamasha Therapie- und Ausbildungsinstitut (TAI) und den Kamasha Verlag. Das TAI ist meine Wirkungsstätte als spiritueller Lehrer und Heiler, der Verlag verbreitet die Botschaften von Erzengel Michael.

Komm doch mal vorbei.

Du bist herzlich willkommen!

♡ Natara ♡

Unsere ORONOS©-Produkte

Buch - Oronos
Die Fülle aus dem Quantenfeld

Das Beste aus drei „Fülle-Seminaren"

In diesem zauberhaften Buch gibt uns Oronos sehr wichtige Anleitungen und Übungen über die gesamte Fülle in unserem Leben. Oronos ist ein Meister und Wächter des Quantenfeldes, der in 3-Fülle- Workshops das Fülle-Wissen aus dem Quantenfeld für uns Menschen manifestiert hat.

Ein Buch, das in dieser Zeit sehr wichtig ist, um den kollektiven Mangel abzulegen und in die eigene Schöpferkraft zu gehen.

Buch
Oronos - Die Fülle aus dem Quantenfeld
Paperback
175 Seiten
Art.-Nr. B-067
EUR 21,00

CD - Oronos Göttliche Spuren

Lieder aus dem Quantenfeld

Wir sind sehr glücklich, euch diese wunderbare CD „Göttliche Spuren" vorzustellen. Ein Chor und viele wundervolle Musiker machen diese CD zu einem einzigartigen Klangerlebnis. Die Musik und Texte bringen die Menschen, Tiere und Pflanzen in ein Feld der „Intelligenten Liebesschwingung". Die CD kann zu großartigen Heilsitzungen genutzt werden.

CD
Göttliche Spuren
Spieldauer: 61:24 Min.
Art.-Nr. K-245
EUR 19,80

CD - One World – One Vision

Dieser Song „Eine Erde - Eine Vision" in 15 verschiedenen Sprachen gesungen, ist ein Herzensaufruf an alle Völker. Wenn alle Völker wieder in ihrer Visionskraft sind, dann entsteht Frieden auf Erden. Wundervolle Stimmen mit tiefen instrumentalen Einlagen geben diesem Song eine ganz besondere Kraft.

„One World – One Vision", das ist die Botschaft der Oronosfamilie.

CD
One World – One Vision
Spieldauer: 80 Min.
Art.-Nr. K-254
EUR 19,80

CD - Oronos Heilen mit dem OM

Oronos singt 36 Minuten das Quantenfeld OM und dann 36 Minuten das OM Shanti Shanti Shanti.
Eine Reise durch alle Universen und wenn du sie zu Heilsitzungen nutzt, dann können noch viel mehr Wunder geschehen, natürlich auch für dich.
Bitte nicht beim Autofahren hören!!!

CD
Heilen mit dem OM
Spieldauer: 72 Min.
Art.-Nr. K-249
EUR 19,80

Unsere ORONOS©-Produkte

Essenz ORONOS

Oronos ist ein Meister und Wächter des Quantenfeldes, der uns mit all seiner Liebe und Kraft auf der Erde beflügelt. Seine Präsenz ist das Gold unseres Bewusstseins.
Er führt uns in unser Göttliches Sein zurück, und belebt, was schon lange brach lag, unsere Herzensenergie.

Essenz Oronos
20 ml
Art.-Nr. G-999-20
EUR 14,00
100ml entspricht EUR 70,00

50 ml
Art.-Nr. G-999-50
EUR 23,00
100,00 ml entspricht EUR 46,00

Raumspray ORONOS

Die Essenz gibt es auch als Raumspray.

Raumspray Oronos
30 ml
Art-Nr. G-999-30 S
EUR 22,00
100,00 ml entspricht EUR 73,33

50 ml
Art.-Nr. G-999-50 S
EUR 32,00
100,00 ml entspricht EUR 64,00

ORONOS Energiekarte
8-Farbdruck, glänzend laminiert
7 x 10 cm, laminiert
Art.-Nr. C-089
EUR 13,90

DIN A5 laminiert
Art.-Nr. C-091
EUR 39,50

ORONOS gemalt von IVOI
Alle Energiekarten sind von IVOI handgefertigt

Wegbegleiter „Oronos" Bild

Schlüsselanhänger mit „Oronos" Bild

Wegbegleiter „Oronos" Bild
Art.-Nr. K-008
EUR 15,30

Wegbegleiter „Oronos-Mutterschiff" Bild Schlüsselanhänger

mit „Oronos-Mutterschiff" Bild

Wegbegleiter „Oronos-Mutterschiff" Bild
Art.-Nr. K-009
EUR 15,30

Gespräche mit Erzengel Michael

Gechannelt durch Natara

Buch - Gespräche mit Erzengel Michael

Monatschannelings 2011-2015

In diesem tiefen Buch ist so viel aktuelles Wissen durch die Botschaften von der Göttlichen Geistigen Welt enthalten. Monat für Monat haben wir eine Botschaft bekommen, die tief dein Herz erreicht. Wir haben diese Botschaften von 2011-2015 für euch in Buchform gebracht. Ein tiefes Geschenk, aktueller denn je.

Buch
Gespräche mit Erzengel Michael
Monatschannelings 2011 - 2015
A4 Hardcover, 147 Seiten
Art.-Nr. B-315
EUR 36,00

CD - Gespräche mit Erzengel Michael®

„Begegne Deiner Klarheit"
Live vom 13.03.2016

Erzengel Michael spricht über die Wichtigkeit der Klarheit in unserer Kommunikation und in unserem Leben.
Eine sehr klare Botschaft, die tief in unsere Herzen geht. Klarheit beginnt immer, wenn wir unsere Wahrheit der Seele leben.

CD
Gespräche mit Erzengel Michael®
Spieldauer: 51:15 Min.
Art.-Nr. K-694
EUR 18,00

Bestseller!

Gechannelt durch Natara

Gespräche mit Erzengel Michael

Band 1-7

Eine Buchreihe in der Erzengel Michael sehr aktuell auf die verschiedenen Lebensthemen eingeht. Die Bücher geben sehr viele Antworten und haben bereits einen Leserkreis von über 100.000 Menschen gefunden.

Gespräche mit Erzengel Michael
je Buch
EUR 18,00 [DE]

Bestellhotline: +49 (0)661 38 000 - 240
www.shop-kamasha.de

Kamasha - Symbole und Mantren

Erzengel Michael hat durch Natara 18 „Symbole und Mantren für den Aufstieg" gechannelt. Diese kraftvollen Symbole & Mantren bringen starke Energien auf die Erde, sie stabilisieren die Aura, verwandeln Ängste, helfen bei Schlafstörungen, transformieren Schuld in Liebe oder machen die Verbindung zu Erde und Kosmos wieder spürbar und vieles mehr!

Frequenz-Scheibe - Symbole und Mantren für den Augenblick

Aus dem Arbeitsbuch von Erzengel Michael, gechannelt durch Natara®

Die Frequenz-Scheibe, mit ihren 18 unterschiedlichen Frequenzen, kann für alle Menschen, Tiere, Pflanzen sowie für Gegenstände, Plätze und Situationen angewendet werden. Diese Frequenzen bestehen aus Mantren, Symbolen und Heilschwingungszahlen, die auf jeweils zwei miteinander verbundenen Scheiben verankert sind. Sie leben, sie arbeiten in dir und sie aktivieren in dir das Leben.

Die Frequenz-Scheibe spiegelt immer die Wahrheit, sie ist Bewusstsein. Sie wirkt durch die intelligente Liebesschwingung. Mit jedem Symbol findet eine Energieübertragung statt, die bei jedem Menschen oder Tier unterschiedlich sein kann. Es kommt darauf an, was gerade gereinigt wird und welche Energien der Körper in sich trägt. Für die Bewellung verwende die körperliche DNA, wie z. B. ein Haar, und lege es in die Mitte der Heilscheibe.

Stelle die Pfeile der einzelnen Scheiben auf die ausgewählte Erdschicht ein und bitte um Aktivierung dieser Frequenzen.

Bereits nach einer Sekunde ist die Frequenz aktiviert und wirkt solange, wie es derjenige oder die Situation benötigt – es ist intelligente Liebesschwingung!

Symbole und Mantren für den Augenblick
Frequenz-Scheibe
Größe: ca 21 cm
Art.-Nr. B-097
EUR 54,00

Symbole und Mantren für den Aufstieg

Das Arbeitsbuch

Dieser Kamasha-Bestseller ist mittlerweile in englisch, spanisch und russisch erhältlich, allein in Russland wurde er in kurzer Zeit schon über 20.000 mal verkauft. Mit diesem Buch machte Erzengel Michael den Anfang für die gesamt Produktserie. Es enthält ausführliche Erklärungen und deutliche Darstellungen jedes Symbols und jedes Mantras und bildet die Basis für ein wirkungsvolles Arbeiten mit diesem lichtvollen Material.

Symbole und Mantren für den Aufstieg
Ringbuch A4, 120 Seiten
Art.-Nr. B-011
EUR 21,00

Symbole und Mantren für den Augenblick
Karten in Schachtel
Art.-Nr. B-012
EUR 12,90

Symbole und Mantren für den Augenblick

Diese praktische Version der Symbole und Mantren ist ideal für unterwegs.

In einer handflächengroßen Schachtel sind 18 Symbolkarten und die entsprechenden Erläuterungen enthalten.
Gut für die Reise und für den spontanen Einsatz!

Bestellhotline: +49 (0)661 38.000 - 240
www.shop-kamasha.de

Die Kamasha-Symboltafeln

Zu jedem der 18 Symbole und Mantren ist eine stabile Symboltafel speziell für die regelmäßige Anwendung konzipiert worden. Die Tafeln bestehen aus wasserabweisender, mit Folie beschichteter Pappe, die einen halben Zentimeter dick ist.

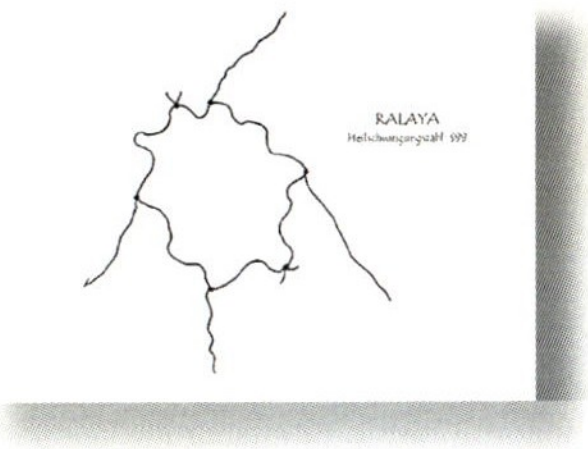

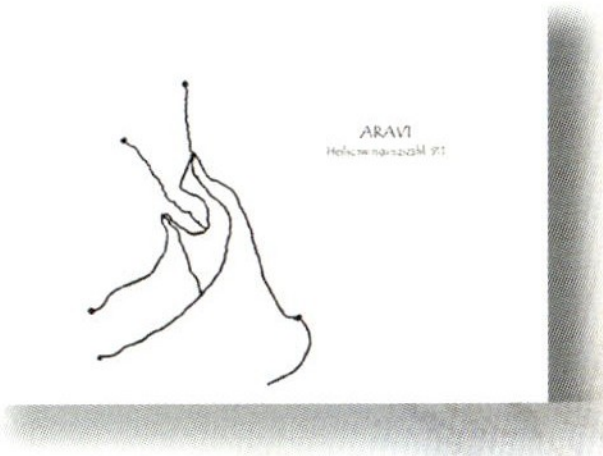

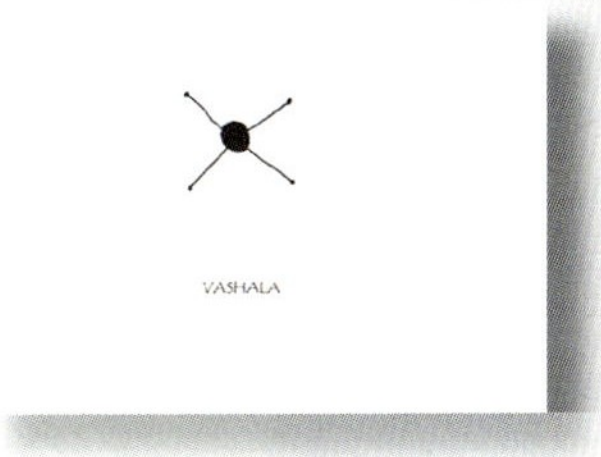

Symboltafel 1	**ARAVI**	Art.-Nr. C-012
Symboltafel 2	**RALAYA**	Art.-Nr. C-013
Symboltafel 3	**KARANA**	Art.-Nr. C-014
Symboltafel 4	**AMRILA**	Art.-Nr. C-015
Symboltafel 5	**AMYAKA**	Art.-Nr. C-016
Symboltafel 6	**SVAHAYA**	Art.-Nr. C-017
Symboltafel 7	**VARILA**	Art.-Nr. C-018
Symboltafel 8	**ASHANA**	Art.-Nr. C-019
Symboltafel 9	**TALAMA**	Art.-Nr. C-020
Symboltafel 10	**MALIKA**	Art.-Nr. C-021
Symboltafel 11	**TAYANA**	Art.-Nr. C-022
Symboltafel 12	**MAYAKA**	Art.-Nr. C-023
Symboltafel 13	**SAIKALA**	Art.-Nr. C-024
Symboltafel 14	**MAHYRA**	Art.-Nr. C-025
Symboltafel 15	**DAYALA**	Art.-Nr. C-026
Symboltafel 16	**NYTALA**	Art.-Nr. C-027
Symboltafel 17	**YASHANA**	Art.-Nr. C-028
Symboltafel 18	**VASHALA**	Art.-Nr. C-029

Symboltafel
A4 Pappe beschichtet
EUR 15,00

Im Set:
Art.-Nr. CK-012
EUR 249,00

Gechannelt durch Natara

Der Herzenslichtkörperprozess von Jesus

24 Schritte ins Licht

Wer den Bibel-Code richtig entschlüsselt, entdeckt wichtige Informationen zum Lichtkörperprozess, so wie ihn Jesus ursprünglich auf die Erde gebracht hat. Dieses Buch enthält mitreißende Aufzeichnungen der Lichtkörperprozess-Einweihunge, die Jesus durch Natara an eine Gruppe von Lichtkörperprozess-Trainern weitergegeben hat. In tiefen Channelings entschlüsselt Jesus die Botschaften der Bibel und erklärt damit den heute so wichtigen Lichtkörperprozess vom 1. bis zum 24. Chakra. Wer sich entschließt, diesen Weg zu gehen, beschleunigt das innere Wachstum in sagenhafter Geschwindigkeit. Dies ist ein Begleitbuch für alle, die den Lichtkörperprozess machen oder machen möchten.

Buch
Herzenslichtkörperprozess von Jesus
Paperback, 168 Seiten
Art.-Nr. B-039
EUR 18,00

Die Chakren -Essenzen zu diesem Buch findest du nachfolgend

Die Kamasha-Chakren-Essenzen (1 bis 18)

Die Kamasha-Chakren-Essenzen sind zusammen mit dem Arbeitsbuch „Symbole und Mantren für den Aufstieg" entstanden. Die ersten 18 Essenzen entsprechen den 18 Mantren & Symbolen. Durch das Seminar „Lichtkörperprozess", das Natara mittlerweile bis zum 36. Chakra anbietet, sind noch weitere Chakren-Essenzen hinzugekommen.

1. Chakra: Aravi	Art.-Nr. G-201-20	10. Chakra: Malika	Art.-Nr. G-210-20
2. Chakra: Ralaya	Art.-Nr. G-202-20	11. Chakra: Tayana	Art.-Nr. G-211-20
3. Chakra: Karana	Art.-Nr. G-203-20	12. Chakra: Mayaka	Art.-Nr. G-212-20
4. Chakra: Amrila	Art.-Nr. G-204-20	13. Chakra: Saikala	Art.-Nr. G-213-20
5. Chakra: Amyaka	Art.-Nr. G-205-20	14. Chakra: Mahyra	Art.-Nr. G-214-20
6. Chakra: Svahaya	Art.-Nr. G-206-20	15. Chakra: Dayala	Art.-Nr. G-215-20
7. Chakra: Varila	Art.-Nr. G-207-20	16. Chakra: Nytala	Art.-Nr. G-216-20
8. Chakra: Ashana	Art.-Nr. G-208-20	17. Chakra: Yashana	Art.-Nr. G-217-20
9. Chakra: Talama	Art.-Nr. G-209-20	18. Chakra: Vashala	Art.-Nr. G-218-20

53 Euro Ersparnis

Die Kamasha-Essenzen für das 1. bis 18. Chakra sind für Händler in diesem praktischen Verkaufsdisplay erhältlich.

Im Set:1.-18. Chakra
Art.-Nr. GK-201-20
EUR 199,00

Bestellhotline: +49 (0)661 38 000 - 240
www.shop-kamasha.de

Die Kamasha-Chakren-Essenzen (19 - 1152)

19. Chakra:	Göttliche Liebe	Art.-Nr. G-219-20
20. Chakra:	Göttliche Vereinigung	Art.-Nr. G-220-20
21. Chakra:	Göttliche Gemeinschaft	Art.-Nr. G-221-20
22. Chakra:	Göttliche Vollkommenheit	Art.-Nr. G-222-20
23. Chakra:	Göttliches Selbst	Art.-Nr. G-223-20
24. Chakra:	Göttliche Vollendung	Art.-Nr. G-224-20
25. Chakra:	Göttliche Verneigung	Art.-Nr. G-225-20
26. Chakra:	Die Göttliche Ehre	Art.-Nr. G-226-20
27. Chakra:	Göttliches Feuer	Art.-Nr. G-227-20
28. Chakra:	Göttliche Spuren	Art.-Nr. G-228-20
29. Chakra:	Göttliches Gold	Art.-Nr. G-229-20
30. Chakra:	Die Göttliche Botschaft	Art.-Nr. G-230-20
31. Chakra:	Göttliches Handeln	Art.-Nr. G-231-20
32. Chakra:	Die Göttliche Kunst	Art.-Nr. G-232-20
33 Chakra:	Göttliches Wunder	Art.-Nr. G-233-20
34. Chakra:	Göttliches Fest	Art.-Nr. G-234-20
35. Chakra:	Göttliche Ausdehnung	Art.-Nr. G-235-20
36. Chakra:	Göttliche Macht	Art.-Nr. G-236-20
37.-45. Chakra:	Begegnung der Lebendigkeit	Art.-Nr. G-237-45-20
46.-54. Chakra:	Begegnung mit der Seelenvision,	Art.-Nr. G-246-54-20
55.-63. Chakra:	Begegnung der wirklichen Freiheit	Art.-Nr. G-255-63-20
64.-72. Chakra:	Begegnund der wahrhaftigen wirklichen Liebe	Art.-Nr. G-264-72-20
73.-90. Chakra:	Die Einheit des Wassers	Art.-Nr. G-73-90-20
91.-108. Chakra:	Die Einheit des Feuers	Art.-Nr. G-91-108-20
109.-126. Chakra:	Die Einheit der Luft	Art.-Nr. G-109-126-20
127.-144. Chakra:	Die Einheit des Metalls	Art.-Nr. G-127-144-20
145.-180. Chakra:	Aktive Heilung	Art.-Nr. G-145-180-20
181.-216. Chakra:	Aktive Heilung	Art.-Nr. G-181-216-20
217.-252. Chakra:	Aktive Zukunft	Art.-Nr. G-217-252-20
253.-288. Chakra:	Die Einheit des Metalls	Art.-Nr. G-253-288-20
289.-360. Chakra:	Freundschaft schließen	Art.-Nr. G-289-360-20
361.-432. Chakra:	Freundschaft mit der Göttlichkeit	Art.-Nr. G-361-432-20
433.-504. Chakra:	Freundschaft mit jeder göttlichen Handlung	Art.-Nr. G-433-504-20
505.-576. Chakra:	Freundschaft mit dem göttlichen Ursprung	Art.-Nr. G-505-576-20

Die neuen Kamasha-Chakren-Essenzen

NEU!

577.-720. Chakra:	Goldene Fülle
721.-864. Chakra:	Lebendige erfahrene Fülle
865.-1008. Chakra:	Liebende heilende Fülle
1009.-1152. Chakra:	Wissende siegende Fülle

jeweils 20 ml
je EUR 14,00
100 ml entspricht EUR 70,02

Die Kamasha-Symbolkärtchen

Die kleinen Kamasha-Symbolkärtchen sind schon zu richtigen Klassikern geworden. Sie passen in jeden Geldbeutel und können schnell ausgepackt werden, wenn man beispielsweise beim Italiener die eigene Pizza energetisch reinigen und aufladen möchte.

Kamasha Kalika-Symbol

Das Kalika-Symbol ist für die Energetisierung des Wassers gedacht. Wasser ist ein wesentlicher Informationsträger in unserem Körper. Es ist daher für uns wichtig, dass das Wasser, das wir täglich verwenden, von hoher Qualität ist.
Stelle dein Wassergefäß neun Minuten auf das Symbol. Bitte dabei um Energetisierung und Reinigung des Wassers. Auch Seen, Flüsse, Biotope, das Meer und alles Wasser in jeglicher Form können damit aufbereitet werden.

Kalika-Symbol
8,5 x 5,5 cm
Art.-Nr. C-001
EUR 12,00

A4 Format
Art.-Nr. C-002
EUR 12,00

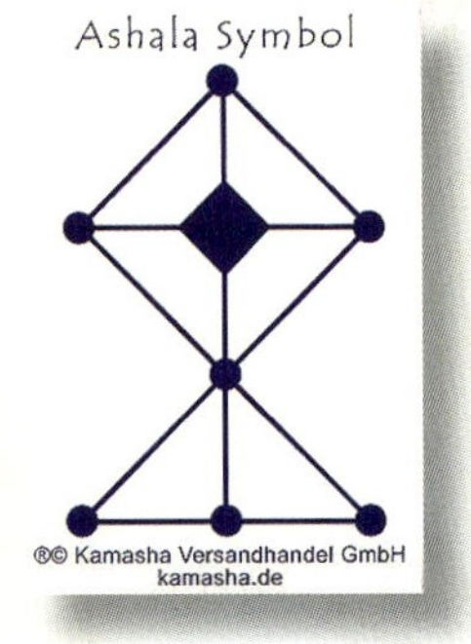

Kamasha Ashala-Symbol

Das Ashala Symbol dient der Energetisierung von Nahrungsmitteln. Heute haben die Nahrungsmittel oft nicht mehr den energetischen Gehalt, den sie ursprünglich hatten. Strichcodes, chemische Substanzen und Umweltverschmutzung belasten die Natur und somit auch unsere Nahrungsmittel.
Ashala öffnet dich, lichtvolle Kost zu dir zu nehmen. Lege einfach deine Nahrungsmittel vor dem Zubereiten oder Kochen neun Minuten auf das Symbol und bitte um Reinigung und Energetisierung.

Ashala-Symbol
8,5 x 5,5 cm
Art.-Nr. C-003
EUR 12,00

A4 Format
Art.-Nr. C-004
EUR 12,00

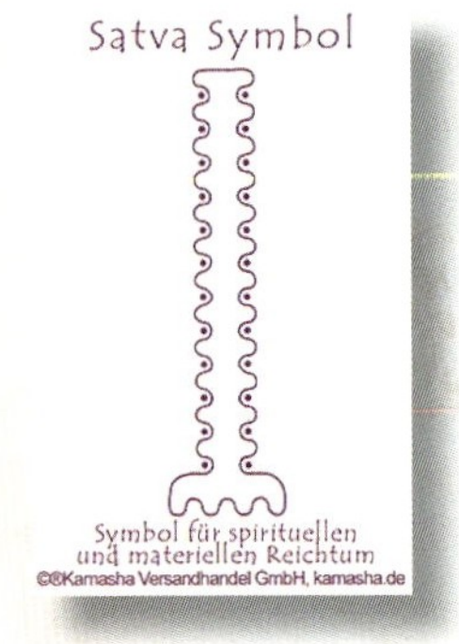

Kamasha Satva-Symbol

für inneren & äußeren Reichtum

"Freiheit ist der Schlüssel zu deinem Herzen. Diese Freiheit bedeutet, ohne Angst und ohne Schuld auf der Erde zu leben. Dieses Symbol lässt dich frei und spielerisch mit der materiellen Energie umgehen. Wenn dein Herz dafür offen ist, kann alles zu dir fließen. Trage diese Karte bei dir. Du kannst sie auf deinem Herzchakra tragen oder dein Geld auf die Symbolkarte legen, um die gesamte Liebe des Kosmos zu erfahren." Erzengel Michael

Satva-Symbol
8,5 x 5,5 cm
Art.-Nr. C-006
EUR 12,00

Kamasha Samra-Symbol

"Das Einatmen verunreinigter Luft kann euch schaden. Eure Zellen können dadurch schwach werden. Wenn ihr dieses Symbol an eure Fenster klebt, habt ihr reine Luft aus dem Kosmos, und ihr könnt Euch voll auf das Leben einlassen. Samra verändert auch die Heizungsluft in den Räumen. Verwendet dieses Symbol in jeder Ecke eures Fensterrahmens." Erzengel Michael

Samra-Symbol Vierer-Set
3 x 4 cm
Art.-Nr. C-005
EUR 12,00

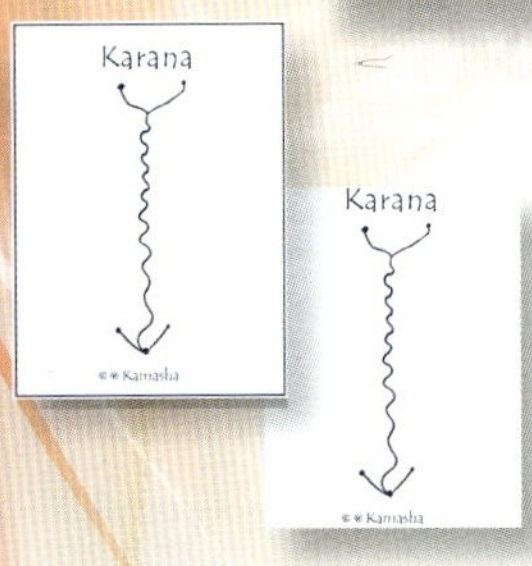

Karana Schutzsymbol-Aufkleber

Zweier-Set

Dies ist ein Schutzaufkleber mit dem Symbol zum dritten Mantra KARANA. Hier geht es darum, die kosmische Energie auf die Erde zu bringen und zu verankern. Es empfiehlt sich, ihn auf Handymaste und andere Geräte mit starker Elektrostrahlung zu kleben.

Karana-Schutzsymbol-Aufkleber (2 Stück)
3 x 4 cm
Art.-Nr. C-034
EUR 12,00

Bestellformular

Kamasha Versandhandel GmbH
Marie-Curie-Str. 6
36039 Fulda

Name:
Adresse:
Tel. / E-mail:
Kunden-Nr.:

Bestell-Fax:
+49 (0) 6 61 - 38 00 02 49

Kontoinhaber:
IBAN:
BIC:
Bank:

Diese Seite heraustrennen
oder kopieren

Datum:	Unterschrift:

Produkt	Anzahl	Größe	Preis
DVD - CODEWORT „VACCA": DER SIEG! Wo macht Impfen Sinn	1	-	gratis

Bestellinfos

Alle Kamasha Produkte können hier bezogen werden:

Deutschland
Kamasha Versandhandel GmbH
Marie-Curie-Str. 6, D-36039 Fulda
Tel.: +49(0)661 38000 - 240
Fax: +49(0)661 38000 - 249
love@kamasha.de, www.kamasha.de

Buchauslieferungen für Händler
Brockhaus Commission
Kreidlerstraße 9, D-70806 Kornwestheim
Tel.: +49(0)7154 - 13 27 0, Fax: +49(0)7154 - 13 27 13
taube@brocom.de, www.brocom.de

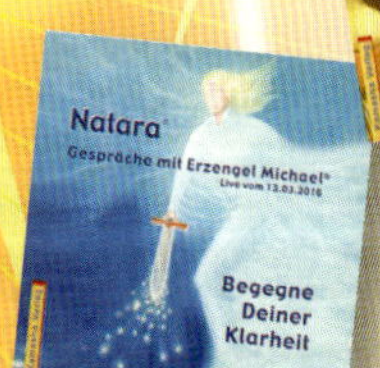